自本世纪初推出《千年风云第一人—— 世界名人眼中的成吉思汗》以来，媒体掀起了大议该话题的热潮，其影响力波及到了千百万人。现在，“千年风云第一人”已成为人们认识和解读成吉思汗的新概念。

这次推出的《千年风云第一人——图说世界的成吉思汗文化现象》（画集）是迄今第一部以画传体解读成吉思汗和成吉思汗文化的宏篇巨作，图片来自世界50多个国家，300多幅。历经沧桑，成吉思汗的传奇故事流传千百年，至今仍牵动着人们的灵魂。如今，成吉思汗这个名字已经升华为英雄的象征、成功的符号。

The publication of *The First Man of the Millennium —— Chinggis Khan in the Eyes of the World Celebrities* have led to the intense discussion on Chinggis Khan. “The First Man of the Millennium” becomes a new concept when scholars interpret Chinggis Khan.

千年风云第一人

——图说世界的成吉思汗文化现象

The First Man of the Millennium —— The World Cultural Phenomenon of Chinggis Khan

内蒙古人民出版社

巴拉吉尼玛 额尔敦扎布 张继霞 编著

千年风云第一人是谁？

Who is the first man of the Millennium?

20世纪结束之际美国最有影响的媒体《华盛顿邮报》带头评选第二个千年世界最有影响的人物，结果成吉思汗以绝对的票数压倒群英，名列第一，称成吉思汗是头号风云人物——千年风云第一人。1999年12月31日美国《纽约时报》以“千年风云人物”为题，介绍了成吉思汗的成长过程。2000年12月26日美国《时代》杂志向世界郑重宣布了“对本千年十个影响最大的人物”的评选结果，成吉思汗荣登金榜，成为上个千年最伟大的人物之一。

姓名：孛儿只斤·铁木真

尊号：成吉思汗（Chinggis Khan）

出生：1162年（宋高宗绍兴三十二年，金世宗大定二年）5月31日

卒年：1227年8月25日

享年：66

出生地：漠北草原斡难河上游地区（今蒙古国肯特省）

建国：1206年春建立大蒙古国

在位：22年（1206—1227）

信仰：长生天

庙号：太祖

谥号：法天启运圣武皇帝

陵寝：密葬，史称“起辇谷”

父亲：孛儿只斤·也速该·把阿秃儿

母亲：弘吉剌部·诃额仑（月伦）

兄弟：三个同父同母的兄弟——合撒儿（哈萨尔）、合赤温、帖木格；两个同父异母的兄弟——别勒古台、别克帖儿

妹妹：帖木伦

夫人：孛儿帖、忽兰、也遂、也速干

儿子：术赤、察合台、窝阔台、拖雷

女儿：火臣别吉（火真别姬）、扯扯干、阿剌海别吉（阿勒海别姬）、秃满伦、阿儿答鲁黑（阿勒塔鲁罕）、也立可敦等。

孙子：忽必烈（元世祖）、拔都（建钦察汗国，即金帐汗国）、贵由（元定宗）、蒙哥（元宪宗）、旭烈兀（建伊儿汗国）

世界上最早的成吉思汗画像

The earliest portrayal of Chinggis Khan in the world

这是元代画，1953年由国家文物鉴定委员会副主任、中国收藏家协会会长史树青先生从民间征集到的。1962年经国家级专家鉴定，确认这是世界上最早的、最真实的成吉思汗画像，也是最标准的成吉思汗肖像画。现收藏在（北京）国家博物馆，属于国家一级文物。

这幅画是成吉思汗去世50年后绘制的画像。成吉思汗在世时不允许别人为他做传记，不允许为他作画，不允许把他的名字刻在任何物体上，更不允许死了之后为他建陵墓。

忽必烈1260年称帝，1265年将爷爷成吉思汗追谥为元太祖。但没有画像，无法在嗣堂供奉牌位。而忽必烈长相很像爷爷成吉思汗，宫廷画匠们基本上是参照忽必烈相貌的轮廓，加上当时宫中人提供的印象，又作了一些艺术处理和加工，经忽必烈审定，将成吉思汗的画像绘了出来。

现今保存的成吉思汗画像的真迹，共有两幅，另一幅收藏在中国台北故宫博物院。

Foreword:

Chinggis Khan is the prominent figure in Chinese and World History

Cai Meibiao

Cai Meibiao, a well-known historian, Chinese Academy of Social Science (CASS) researcher, the former president of Chinese Yuan History Research Association,the director of Chinese Mongolian History Association.

As a well-known figure in Mongolian and Chinese history, Chinggis Khan' s contribution to the history of Mongolian and Chinese could be concluded as follows.

Firstly, The establishment of united Mongolian nation. The formation of Mongolian nation experienced a long history, which began from the time of Botancar. The great-grandfather of Chinggis Khan, Qabul Qahan and grandfather Qutula Qahan has devoted to united the Mongolian tribes during their life time. But until the time of Temujin•Chinggis Khan, the dream of an united Mongolian nation finally become the reality. Under the command of Temujin, Mongolian concurred Tatar, Kereit, Naimans, Merkit tribes, which were integrated into Mongol and finally becomes the one of the powerful nations in the world.

Secondly, The establishment of Mongol Khanate. The Mongol in the era of Chinggis Khan was significantly different from Mongol ulus, in fact, it was a nation of Multi-ethnic nation. Chinggis Khan is the Khan of not only Mongolian people, but Han people and other ethic groups in his conquered area. According to the history, Han People worshipped Temujin as a first founder of Yuan Dynasty. Yuan Dadu Imperial Ancestral Temple worshipped " Chinggis Emperor" as a God. All of these reflect the fact that Chinggis Khan had a high status in the mind of people in his conquered area. During this time period, Chinggis Khan had great impact on the history of Mongolian, Han, and other ethnic groups.

Thirdly, Chinggis' s lifelong activities laid solid foundation for formation of united multi-ethic China. The fact that China is the united multi-ethnic country was defined during the time of Yuan Dynasty. Also the multi-ethnic concept was formed during the time of Chinggis, and accomplished by Khubilai Khan. Chinggis Khan and his heirs ended the undue rivalry among different ethic groups and totally altered the political structure of China. This is the historical contribution of Chinggis Khan!

Currently, intense research has been carrying out Chinggis Khan in abroad.We can say that studies about Chinggis Khan have been or are forming a worldwide, multi-ethnicity of learning. As Chinese scholars, we must strive to catch up and allow more people to have a comprehensive understanding toward Chinggis Khan. Some Westerners are so sensitive to Chinggis Khan that when people mention a strong China they consider Chinggis Khan is to come. They tend to equate Chinggis Khan with "Yellow Peril" (Yellow Terror). If we discuss or interpret Chinggis Khan from an individual or specific national perspectives, it is too narrow and subjective. We should adhere to the scientific and objective attitude to study and evaluate Chinggis Khan.

History of Chinggis Khan era has rich connotations. The profound historical heritage needs further exploration. Graphic version of *The First Man of the Millennium* is a comprehensive and systematic atlas displays Chinggis Khan' s cultural phenomenon to the world. We firmly believe that the book provide readers with insight about Chinggis Khan' s trait and endeavors.

序一 成吉思汗是中国历史上杰出的人物 也是世界历史上的风云人物

蔡美彪，著名历史学家，中国社会科学院研究员，曾任中国元史研究会会长，中国蒙古史学会理事长。

元太祖铁木真·成吉思汗是蒙古历史上和中国历史上杰出的人物，也是世界历史上的风云人物。他对蒙古史和中国史的贡献，可以从三个方面来考察。

第一是蒙古民族的形成。蒙古民族的形成，经历了一个历史过程。这个过程自蒙古乞颜部的祖先孛端察儿时已开始。铁木真的曾祖合不勒（葛不律）汗及祖父忽图剌汗都曾致力于蒙古各部的联合，做出过一定的贡献。到铁木真·成吉思汗时，才得以完全实现。铁木真统帅的蒙古族进而征服塔塔尔、克列、乃蛮、蔑儿乞等蒙古草原诸部落，被征服的部民编入蒙古各部，融合于蒙古民族。蒙古族也由于获得新的民族成分和新的血液而日益强大，终于形成举世无敌的强大民族活跃于世界。

第二是蒙古汗国的创建。综合考察历史的全貌，可以看到，成吉思汗时期的大蒙古国完全不同于原来的蒙古兀鲁思，而在事实上形成了以蒙古族为主体的多民族国家。成吉思汗是蒙古民族的大汗，也是包括汉族在内的所统治区内各民族的大汗。元朝依据汉人庙谥制度尊奉铁木真为元太祖，元大都太庙里供奉“成吉思皇帝”金主神位，都是反映了这个事实。这个事实对蒙、汉等各民族的历史发展，产生了深远的影响。

第三，成吉思汗毕生的活动，为全中国形成为统一的多民族国家奠定了基础，做出了贡献。全中国成为统一的多民族国家，只是在元朝统治时期被确定的。这个形成过程自成吉思汗开始，至忽必烈而完成。成吉思汗及其继承者结束了各民族长期对峙的局面，从而改变了整个中国的格局。全中国作为统一的多民族国家，也由此形成稳定的实体。

这就是成吉思汗的历史贡献！

目前，对成吉思汗的研究，国外势头很大，不仅涉及面广，而且在某些方面有所突破。可以说，成吉思汗研究已经或正在形成一门世界性、多民族性的学问。作为中国的学者不能甘居落后，一定要通过努力把研究工作赶上去，以便让更多的人对成吉思汗有个全面而公正的认识。西方一些人对成吉思汗特别敏感，认为中国一强大，就说成吉思汗来了。他们往往把成吉思汗与“黄祸论”相提并论，这是带有“政治性”的成吉思汗，是出于政治目的。现代人，如果仅站在自己民族的立场上看待和认识成吉思汗，那就太狭窄了。我们应当本着科学的态度，坚持实事求是，客观、公正地研究和评价成吉思汗！

成吉思汗时期的历史具有极其丰富的内涵。沉淀的历史底蕴也有待于深入发掘、探讨。“千年风云第一人”（画集），是一部解读成吉思汗的精选图集，比较全面、系统地展示了世界的成吉思汗文化现象。相信你读了这本书，不仅领略到成吉思汗是什么样的人物，而且会感悟到他为什么成功、为什么世界那么多人推崇他的深层次原因！

蔡美彪
时年八十四岁
二〇一二年十月

Foreword:

The First Man of the Millennium (graphic version) comprehensively presents the world Chinggis Khan' s cultural phenomenon.

Liu Da Wei

Liu Dawei, a famous artist, Dean of Fine Arts Department of PLA Art Academy, Vice President of China Federation of Literary and Art Circles, President of China Artists Association, President of the UNESCO affiliated International Association of plastic artists, CPPCC National Committee members (Chinese People' s Political Consultative Conference)

As a select atlas, The book The First Man of the Millennium including painting and texture from more than 50 countries to comprehensively interpret and systematically display cultural phenomenon of Chinggis Khan around the world. The concept of *The First Man of the millennium* would much clearer to readers after reading the book. We also believe that readers would aware the modern significance of the research on Chinggis Khan.

Balaji Nima and Zhang Jixia are the practitioners who promote the culture of Chinggis Khan for almost 60 years. Ten years ago, they edited and published *The First Man of the millennium* which brought tremendous impact at home and abroad. This time, they traveled hundreds of thousands of kilometers in more than 40 countries and regions around the world at their own expense. More than 12,000 books and1600 pictures relating to Chinggis Khan were collected during this journey. They have been carefully screened and prepared the graphic version of *The First Man of the millennium.* This is a gratifying works, admirable move! When I read the book, I am deeply impressed by the diverse and unique art forms, including Chinese painting, oil painting, printmaking, illustration, sculpture, miniatures and murals. These pictures and diverse artistic expressions tell the legendary Chinggis Khan from comprehensive perspectives and also reflect Chinggis Khan in the eyes of different artists and varied cultures.

These pictures are valuable fortune for whole nation. The publication of atlas not only enriches the cultural resource of Inner Mongolia Autonomous Region, but also instills new content to the world fine art. We should cherish and study the valuable resources.

Heartfelt congratulations to the publication of *The First Man of the millennium.*

序二

《千年风云第一人》（画集）充分展示了世界的成吉思汗文化现象

刘大为，著名美术家，现任解放军艺术学院美术系教授、主任，中国文联副主席、中国美术家协会主席、联合国教科文组织下属国际造型艺术家协会主席、全国政协委员。

这是一部用绘画语言解读“千年风云第一人”的精选图集。作品来自世界50多个国家和地区，比较全面、系统地展示和反映了世界的成吉思汗文化现象。只要读一读这些图片及说明，你一定会体会到该书的名字——“千年风云第一人”的深刻内涵；通过成吉思汗的传奇，以及世界的成吉思汗文化现象，相信你一定会进一步领悟到成吉思汗研究的现代意义。

巴拉吉尼玛、额尔敦扎布、张继霞三位是传播和弘扬成吉思汗文化的身体力行者。十年以前（2003年）他们编著出版了《千年风云第一人》，在国内外产生了极大的影响。此次，他们自费跑遍世界40多个国家和地区，行程十几万公里，历经艰辛，在搜集到有关成吉思汗图书10000多部和图片1600多幅的基础上，经过精心筛选和编写，又推出了《千年风云第一人》（画集）。这是一件可喜可贺的事情，令人钦佩之举！看了这部图集，我非常震撼。该著作主题突出，内容丰富。图片资料中有中国画、油画、版画、插画、雕塑、细密画和壁画，形式多样，各具特色，具有世界性、代表性和多样性；图片珍贵而内涵深邃，艺术表现力独特而多元，通过多视觉多层面，讲述了成吉思汗的传奇，展示了历史伟人成吉思汗的千姿百态形象，深刻反映了不同文化背景下各国画家对成吉思汗及成吉思汗文化的认知态度和艺术表现手法。这些图片，十分珍贵，是民族的宝贵财富。该图集的问世，不但丰富了内蒙古自治区的文化资源，同时为我国绘画艺术输入了新的内容。我们应当珍惜、借鉴和研究。

衷心祝贺《千年风云第一人》（画集）的出版发行。是为序。

刘大为

2015.6.27

Introduction

To understand Chinggis Khan and Chinggis Khan' s culture, start from here

At the end of the last century, Washington Post based on principle of " shortened the distance of the world, and shrink the size of the planet" to select Chinggis Khan as *The First Man of the millennium*. In 2003, we have published several versions of *The First Man of the millennium — Chinggis Khan in the Eyes of the World Celebrities,* which have become the indispensible resource materials for understanding Chinggis Khan. We traveled more than 40 countries and regions in the world to collect more than 10, 000 books and 1600 paintings about Chinggis Khan. After careful selection and compile these original materials, we published this graphic version of *The First Man of the millennium* which provide readers with convenient and comprehensive way to understand Chinggis Khan.

To understand Chinggis Khan and Chinggis Khan' s culture, start from here

Throughout the history, the name of Chinggis Khan has been considered as a symbol of a hero and success. His legend has been handed down for thousands of years and still affecting people's life and spirit.

Professor Jack Weatherford, the author of Chinggis Khan and the Making of the Modern World, " although Chinggis Khan has been away from the historical scene for a long time, his influence would continue to exist in our modern world. He's more than anyone else in shaping the modern world. In terms of strategies for promoting the world economic and creating stable political climate, Chinggis Khan is a modern man."

The wonderful pictures in the book will lead readers to the distant world. Words written by scholars and historians will bring readers to the real historical scene. As long as you read these pictures and words, you will understand and realize the deep connotation of *The First Man of the millennium*; By reading world view and cultural phenomenon of Chinggis Khan, I firmly believe readers obtain deeper understanding to modernity of Chinggis Khan.

导语

读懂成吉思汗及成吉思汗文化 从这里开始——

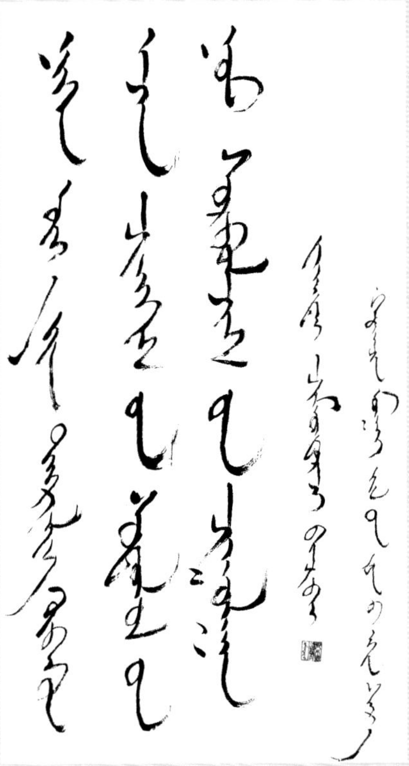

齐木德道尔吉，蒙古学家、教授、博士生导师

20世纪结束之际，美国《华盛顿邮报》以“拉近了世界，缩小了地球”为依据，评成吉思汗为千年风云第一人。巴拉吉尼玛、额尔敦扎布、张继霞三人于2003年编写出版了《千年风云第一人——世界名人眼中的成吉思汗》，此后该书多次再版，在社会上产生了很大的影响，可以说，“千年风云第一人”已成为成吉思汗的代名词。

与此同时，作者们也步入“学者”行列，成为“天骄”藏书第一人。此次，他们在跑遍世界40多个国家和地区搜集到有关成吉思汗的10000多部图书和1600多幅图片的基础上，经过精心筛选和编写，又推出了全新版本——《千年风云第一人——图说世界的成吉思汗文化现象》。这是集图片、图书及珍藏品为一体的成吉思汗文化展示，为了解成吉思汗及蒙古族文化提供了一个独特而快捷的窗口。

读懂成吉思汗及成吉思汗文化，从这里开始——

历经沧桑，成吉思汗这个名字已经升华为英雄的象征、成功的符号。他的传奇故事流传千百年，这些故事至今仍牵动着人们的灵魂，而且还在继续。

美国著名学者、人类学家《成吉思汗与今日世界之形成》的作者杰克·威泽弗德教授说：“成吉思汗离开历史场景已经很长时间了，但他的影响将持续地萦绕在我们这个时代。他在塑造现代世界方面，超过其他任何人。在动员专业化战争、促进全球商业和制定持久的国际法准则方面，成吉思汗完完全全是一个现代人”。

幅幅精彩图片，将我们的眼球延伸到遥远的世界；段段语录体主题词，将我们想象的翅膀带到了现实。一幅图片，是一个历史符号；一段文字，是一种文化现象。只要读一读这部书的图片和文字，你一定会了解和体会到谁是千年风云第一人以及这个词的深邃内涵；通过世界的成吉思汗观和成吉思汗现象，相信你一定会进一步领悟到“成吉思汗”这个强符号的现代性。

ᠭᠠᠷᠴᠠᠭ

目录

Contents

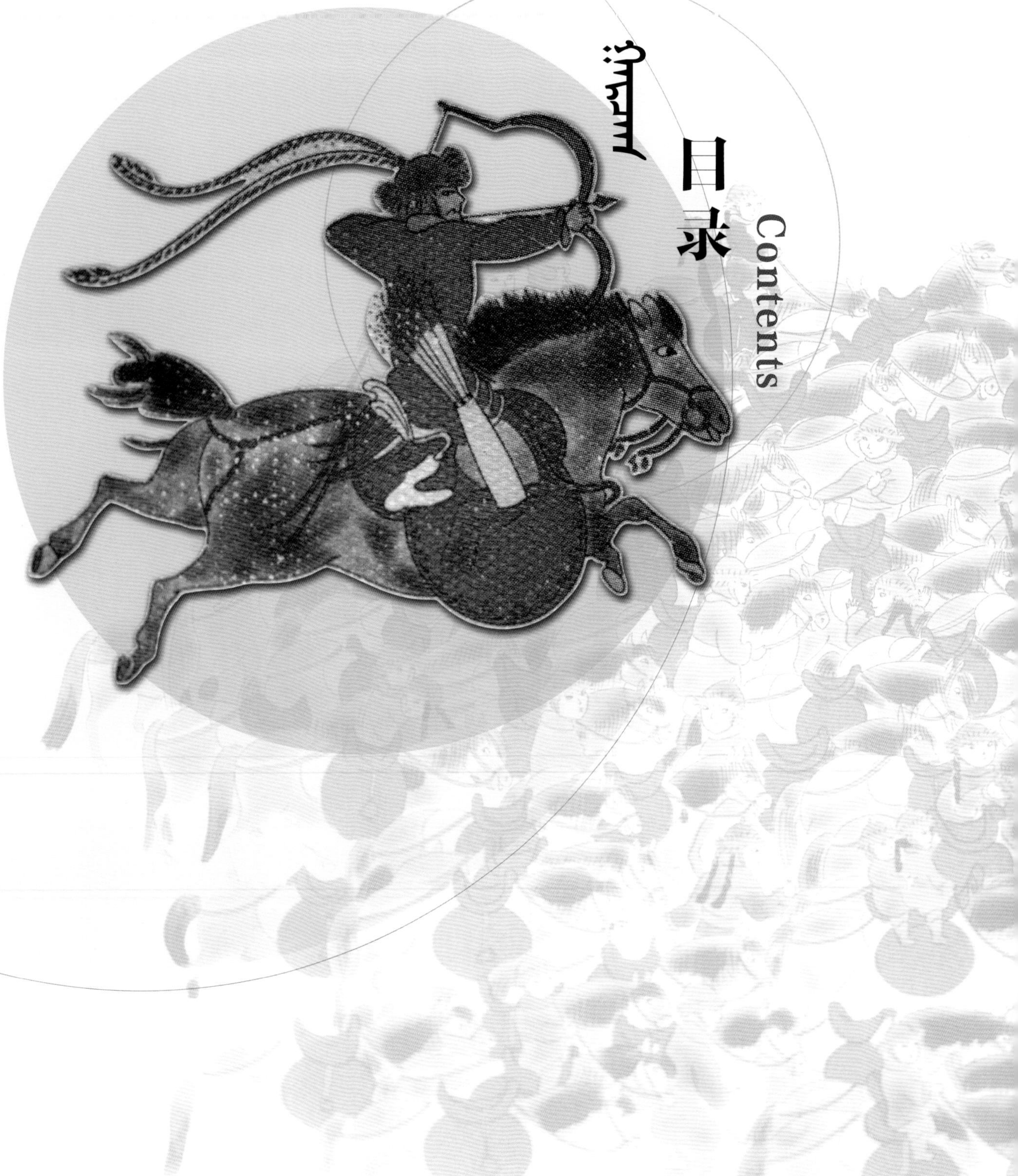

题词

千年風雲第一人

二〇〇六年六月 史樹青

史树青，当代著名学者，史学家、文物鉴定家。国家文物鉴定委员会副主任委员。

千年风云第一人

蔡美彪题

蔡美彪，历史学家，中国社会科学院研究员。曾任中国元史研究会会长，中国蒙古史学会理事长。

千年風雲第一人

刘大为题

刘大为，美术家。中国文联副主席、中国美术家协会主席。

千年風雲第一人

乙未中秋 于君慧敬题

于君慧（美国），世界著名历史学家札奇斯钦女儿。美术家、书法家

成吉思汗 千年風雲第一人

陳得芝敬書 辛卯冬

陈得芝，历史学家。曾任中国元史研究会副会长

千年風云第一人 成吉思汗

庚寅……张世礼

张世礼，工艺美术家。中国建筑学会室内设计分会原会长。曾获得光华龙腾奖中国设计金质奖章

哈斯朝鲁，教授、美术家、书法家

1

“人类的帝王”——世界的成吉思汗观

"The Emperor of Mankind"-The world's view on Chinggis Kan

美国《华盛顿邮报》报道世界“千年伟人”时，提出的一个重要标准是“依据由谁缩小了地球为原则”。经过民意测验，多数人集中提到了两个人，一是成吉思汗，一是哥伦布。经过认真分析，他们认为虽然成吉思汗杀人很多，但他与哥伦布一样缩小了地球，而在外交方面却不知比哥伦布胜出多少倍。

“The Emperor of Mankind” — The world’s view on Genghis KhanWhen reporting “the great of a Millennium ” in the world, Washington Post of US proposed an important standard, namely, the principle of “the ability to shrink the world”. Results of a public opinion poll suggest that most people mentioned two great men,Chinggis Khan and Columbus.

After rational analysis, people believe that even though Genghis Khan killed many people, he has however, shrunk the size of the world and far surpassed Columbus in terms of diplomatic talent.

目录

ᠴᠢᠩᠭᠢᠰ ᠬᠠᠭᠠᠨ ᠤ ᠬᠥᠷᠥᠭ

成 吉 思 汗 画 像

Portrait of Chinggis Khan

现藏于中国台北故宫博物院

The Secret History of the
MONGOL
QUEENS
THE BABURNAMA
GENGHIS KHAN: EMPEROR OF ALL MEN
GENGHIS
KHAN
BY HAROLD LAMB
GENGIS-KHAN
CLIVE
CUSSLER
GENGHIS KHAN
HANS DOMINIK
DIE SPUR DES DSCHINGIS-KHAN
E.D. PHILLIPS
GENGHIZ KHAN
L'IMPERO DEI MONGOLI
GENGIZ-KHAN
Prof.Dr. BAHAEDDIN OGEL
ÇİNGİZ HAN'ın
TÜRK
MÜŞAVİRLERİ
IN THE EMPIRE
OF GENGHIS KHAN
THÀNH
CÁT
HÃN
DSCHINGIS
KHAN
RAZMNAMA
The Book of War
MUGHAL AND
OTHER INDIAN
PAINTINGS
MARCO POLO
MOĞOL
İMPARATORLUĞU TARİHİ
Jean-Paul Roux
MUGHAL
MINIATURES
THE EARTH
IS THE LORD'S
by Taylor Caldwell
GENGIS
KHAN
The Successors of
Genghis Khan
KHUBILAI
KHAN
Khubilai
Khan
Genghis
Khan
James
Dark
THE SWORD OF
GENGHIS KHAN
From
Akbar
to
Aurangzeb
W. H. Moreland
Firoz
Shahi
История
России
GREAT CAPTAINS
UNVEILED
B. H. LIDDELL HART
GENGHIS
KHAN
THE MONGOL HORDE
by HAROLD LAMB
Cengiz Han
MOĞOLLARIN
Kafkasya Politikası
TUZAK-I-TIMURI
CENGIZ
HAN
THE STORY OF
THE MONGOLS WHOM
WE CALL THE TARTARS
LES MONGOLS
DANS L'HISTOIRE
KHUBILAI KHAN

艺如乐图 书法家

Chinggis Khan not only belongs to the China, but also to the entire world.

成吉思汗属于中华民族，属于整个世界，属于我们大家

——来自世界50多个国家和地区的有关成吉思汗图书（图片）

成吉思汗，作为强符号已成为世界关注的焦点。近年来世界上掀起了广泛而持续的成吉思汗研究热潮。来自世界50多个国家和地区的有关成吉思汗图书、图片，一方面展示了成吉思汗文化的世界性；另一方面反映了世界的成吉思汗文化之无限魅力。充分说明了成吉思汗属于中华民族，属于整个世界，属于我们大家。

India's first Prime Minister Jawaharlal Nehru : Chinggis Khan is one of the greatest masters in the world

印度首任总理尼赫鲁：

成吉思汗即使不是世界上唯一的最伟大的统帅，也是世界上最伟大的统帅之一

印度独立后的首任总理尼赫鲁非常喜欢成吉思汗，他给女儿的一封信中说：“成吉思汗即使不是世界上唯一的最伟大的统帅，也是世界上最伟大的统帅之一。我告诉你，我非常喜欢他。像我这样冷静、反对暴力、心慈手软、厌倦封建制度的忠良者来说，喜欢一个游牧民族的残暴、封建指挥官是一种奇怪的事情。

［说明：1206年，铁木真登基，建立大蒙古国，尊号成吉思汗。制定政治、军事、法律等制度，颁布大扎撒，创立蒙古文字，从而结束了诸部之间长期的战争局面。］

图片来自雅各布（美国）著《成吉思汗传》1860年绘制

Western historians said that the 13th century is the century of the Mongol

西方历史学家称：13 世纪是蒙古人的世纪

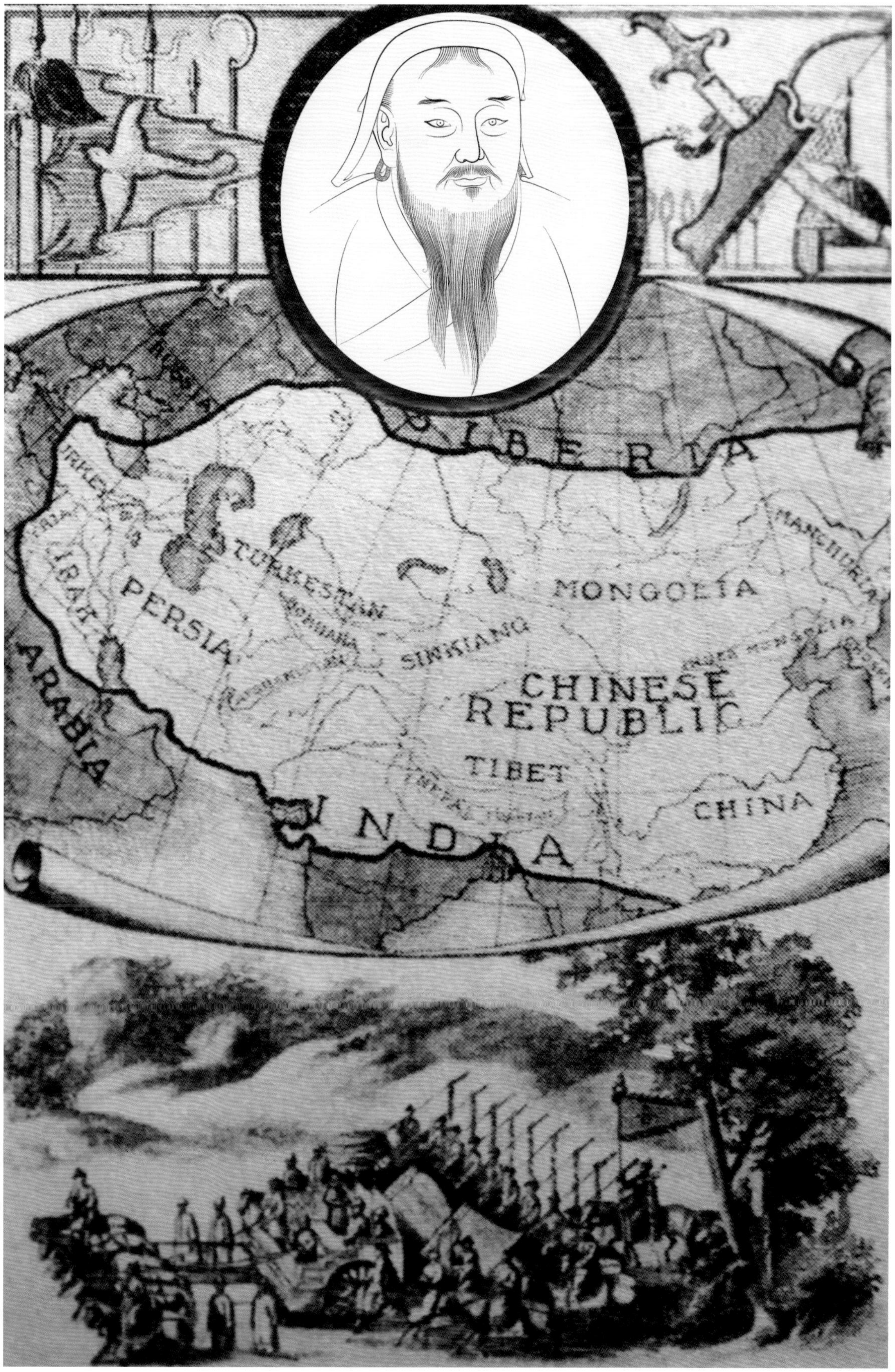

图片来自亚历克斯•沃尔夫（英国）著《世界简史》，当地世界出版社，2010 年

13 世纪成吉思汗及其子孙横扫欧亚大陆，所向无敌。那个时候，东起朝鲜半岛，西抵波兰、匈牙利，北至俄罗斯公国，南达中南半岛，在北纬 15°— 60°，东经 15°— 130°这样广袤的地区内，一家三代人竟能发动如此规模的战争，这在人类历史上是绝无仅有的。今天，西方的历史学家称 13 世纪是蒙古人的世纪，乃是鉴于这场战争的世界性规模。

——杨讷著《世界征服者—成吉思汗及其子孙》前言

（杨讷 著名学者）

The Secret History of *Mongols described*: Chinggis Khan as a man who emits the bright vitality and passion from inside to outside

《蒙古秘史》称：成吉思汗「眼中有火，脸上有光」

《ᠮᠣᠩᠭᠣᠯ ᠤᠨ ᠨᠢᠭᠤᠴᠠ ᠲᠣᠪᠴᠢᠶᠠᠨ》ᠳᠤ᠂ ᠴᠢᠩᠭᠢᠰ ᠬᠠᠭᠠᠨ ᠢ《ᠨᠢᠳᠦᠨ ᠳᠦᠭᠡᠨ ᠭᠠᠯ ᠲᠠᠢ᠂ ᠨᠢᠭᠤᠷ ᠲᠤᠭᠠᠨ ᠭᠡᠷᠡᠯ ᠲᠠᠢ》ᠭᠡᠵᠦ ᠲᠣᠳᠣᠷᠬᠠᠢᠯᠠᠭᠰᠠᠨ

手工栽绒艺术挂毯成吉思汗像

乌海市蒙古家具博物馆镇馆之宝

阿拉得尔图 提供

“眼中有火，脸上有光”，又译为“双眼闪烁，容光焕发”。

Southern Song Dynasty Envoy,Zhao Gong : Chinggis is a brave, tolerant and generous master who worships heaven

南宋使臣赵珙：成吉思皇帝者，其人英勇果决，有度量，能容众，敬天地，重信义

南宋使臣赵珙，1221年出使大蒙古国，在燕京（原为金中都，1215年被蒙古军攻取，1217年改名燕京，即今北京市）见到主帅进攻金朝的太师国王木华黎，回来后著有《蒙鞑备录》。书中的评价是：“今成吉思皇帝者，其人英勇果决，有度量，能容众，敬天地，重信义。”

2012年，松原市江南成吉思汗民族文化园内，一座高达22米的成吉思汗雕像落成，成吉思汗左手向前招手，右手握宝剑。该雕像是目前世界上最高的成吉思汗站立雕像，已成为松原市前郭而罗斯县的标志性建筑。成吉思汗雕像主要材料为青铜，由北京金泰集团捐赠的160吨青铜浇筑而成。 该图由亿力齐提供

The history of Yuan Dynasty:
maneuver troops with miraculous skills

《元史·太祖本纪》称：
帝「深沉有大略，用兵如神」

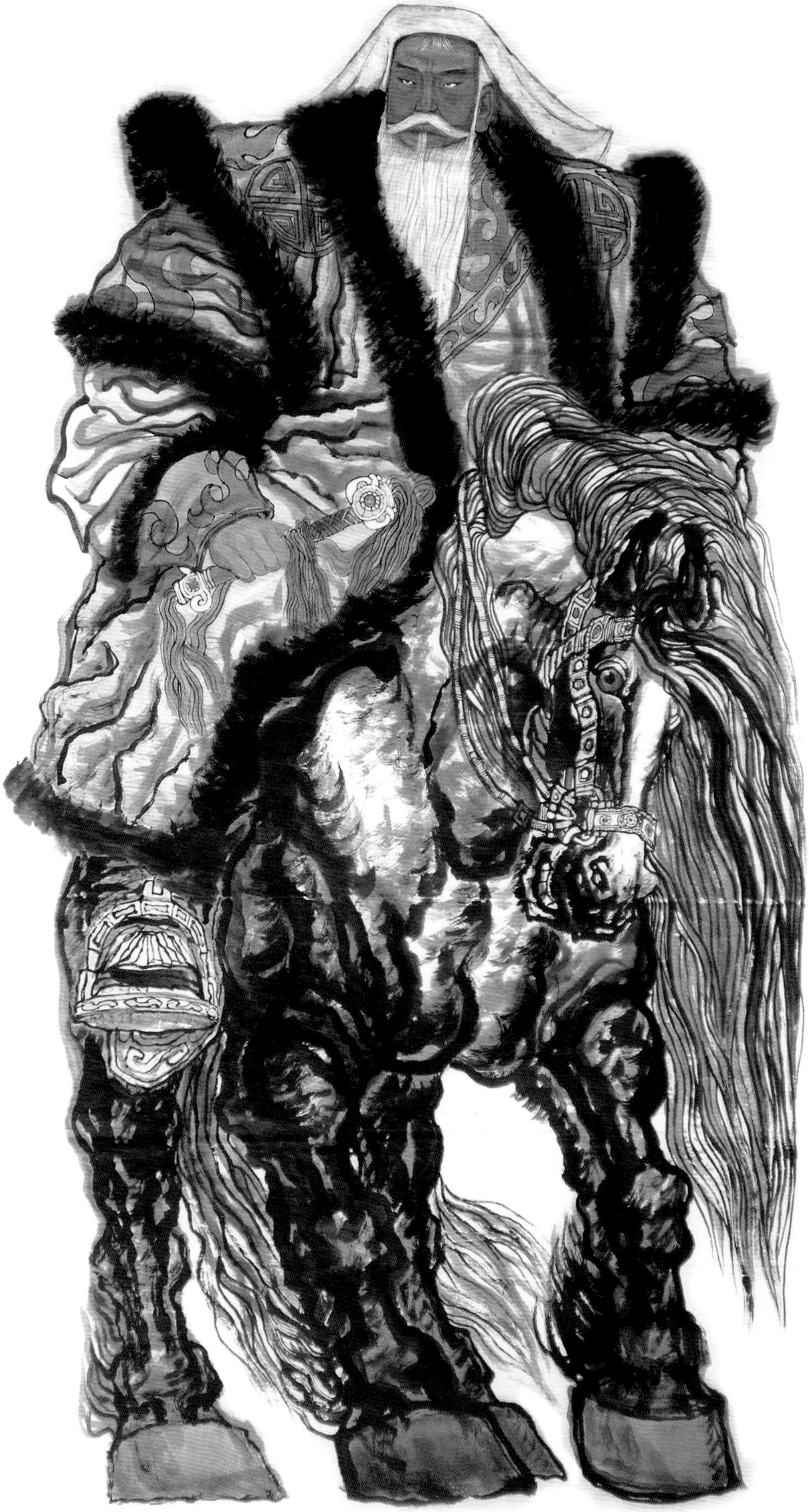

元太祖成吉思汗 巴雅尔画

明朝官修正史《元史》中宋濂等的评价是："帝深沉有大略，用兵如神，故能灭国四十，遂平西夏。其奇勋伟迹甚众，惜乎当时史官不备，或多失于纪载云。"

As a national hero, Genghis khan will always stay in the hearts of the people

蒙古国前总统纳·巴嘎班迪：

作为民族英雄的大汗，他永远留在人们的心中

成吉思汗是蒙古民族值得骄傲的人物。蒙古人把他尊称为圣主成吉思汗。作为民族英雄的大汗，他的名字永远留在了蒙古民族的心目当中。不仅仅是蒙古人，而且世界各个国家的人们正在积极研究他所建立的大蒙古国。当前，人类已进入全球化的发展阶段，在这种条件下，研究地传承成吉思汗，不仅仅是蒙古人的事情，也是涉及全世界的事情。

——蒙古国前总统纳·巴嘎班迪

Indomitable Mongolian horse spirit

一往无前的蒙古马精神

高田熏 画

来自小西圣一（日本）「蒙古袭来」，株式会社理论社 2006 年

成吉思汗及其子孙建立蒙古帝国，全靠战马的功劳。战马奔跑速度最快，行动十分敏捷，是传递信息的使者。可以说，成吉思汗是靠战马获得成功最早的领袖人物。他善骑能射，靠马的优势战胜了敌人，同时充分发挥了弓箭的功能以及携带轻便的装备和方便干粮的作用。成吉思汗最懂马的优势，所以命令部下一定要爱惜自己的战马。每个士兵备有多匹马，通过换乘来保养马力，还为战马披挂铁甲，有时用尽食物便切割马脉饮血，马乳也是很好的食粮。

—— 摘自美国穆里斯·罗萨必的“皇帝的马”一文 （发表于《自然历史》杂志）

Engels said：Chinggis Khan is an ever-victorious general

恩格斯：成吉思汗是常胜将军

蒙古国精制邮票

成吉思汗在中世纪踏碎了欧洲人的心灵。他是常胜将军，秘诀在于集中

Washington Post: Chinggis Khan meets the desire of all human beings.

《华盛顿邮报》：他满足了所有人的欲望

大蒙古帝国的主人 14世纪三十年代画，现收藏于巴黎卢浮宫博物馆

据不完全统计，全球有60多个国家和地区组织专人对成吉思汗进行研究。

为什么成吉思汗有这么大的吸引力，其魅力何在？美国《华盛顿邮报》评成吉思汗为“千年风云第一人”时，得出了结论：“他满足了所有人的欲望”。这句话比较精确而形象地回答了这位伟人的研究价值。尽管世界上人与人之间差别很大，但在一点上是比较一致的，那就是不管什么人，都希望获得成功。成吉思汗是成功的典范，是读不完的成功书，就在这一点上他就满足了所有人的欲望。

缔造全球化第一人
The first man who built globalization

千年伟人成吉思汗　　蒙古国画

图片来自《历史上的著名战争》一书

成吉思汗是一个高瞻远瞩的统帅，是缔造“全球化”的第一人。他将东方的先进文化和科技引入了蒙昧时代的欧洲，唤起了全球性的人类觉醒。他用古代“驿站”形式实践了今天“网络”的功能，联通了东西方的交流，并重新划定了世界的版图。

Westerners named Chinggis Khan as "emperor of all human beings"

西方人称他（成吉思汗）为：「全人类的帝王」

13世纪伊朗画　现收藏于爱尔兰首都都柏林

英国学者莱穆在《全人类帝王成吉思汗》一书中说："成吉思汗是比欧洲历史舞台上所有的优秀人物更大规模的征服者。他不是用通常尺度能够衡量的人物。他所统帅的军队的足迹不能以里数来计量，实际上只能以经纬度来计量。"

The richest man in the world for thousands of years

千年来世界最富有的人

如果按征服土地来计算，成吉思汗可称“天下最富”。当时，蒙古人打下3000多万平方公里土地，被国内外专家们认定为千年来世界最富有的人。成吉思汗通过数百次战争，掠夺积累了无法估算的财富，据日本专家估计，成吉思汗是人类历史上的千年首富，他的陪葬品就够现在的蒙古族人坐吃300年！（摘自《千年风云第一人》）

参考消息网2001年8月3日报道外媒称，美国《福布斯》杂志有每年评出全球十大富豪的传统，日前《时代》杂志公布了这份名单的一个“历史版本”，评出了有史以来最富有的10个人，其中包括洛克菲勒、凯撒大帝、宋神宗、成吉思汗等，上榜的唯一健在的人物是比尔·盖茨。

Chinggis Khan combined civilization and brutality of human nature perfectly

成吉思汗最完美地将人性的文明与野蛮两个极端集于一身

国外一些报刊书籍推出世界名人榜，把成吉思汗列在亚历山大、拿破仑、彼得大帝之前。《华盛顿邮报》在“为什么评成吉思汗为‘千年风云第一人’一文中说：成吉思汗最完美地将人性的文明与野蛮两个极端集于一身。”

图片来自俄文版《成吉思汗》　（原作者为英国作家约翰•曼）

The greatest success in the world

世界上最大的成功者

乌宁巴雅尔 画

成吉思汗是成功的典范。成吉思汗的名字始终与"成功"二字联系在一起，史学家称"史无前例的成功"，日本出版的《世界通史》说："能够同成吉思汗相提并论的英雄豪杰世界上从来没有过。"

根据1253年鲁布鲁克（william bi rubroek）所描绘的草图制成的铜版画
由牛车牵引的移动性蒙古住宅

Vatican Pope Benedict XVI, Joseph Ratzinger Alai : Chinggis Khan's achievements will be engraved in the history

梵蒂冈教皇：成吉思汗的历史功绩将铭刻在史册上

很早以前，大蒙古国在西征过程中自然而然与基督教世界及他们的教皇建立了十分密切的关系。这里我们有必要指出的是，13世纪初为了与铁木真大汗的继承者建立牢固关系而赴哈剌和林参加贵由汗登基大典的教皇使团普兰诺·卡尔平尼等人的名字，以及罗马教皇英诺森四世致成吉思汗之孙的信件。

世界自1206年到现在虽然在人口发展上发生了巨大变化，但成吉思汗为建立大蒙古国以及促进文明和文化交流所作出的历史功绩将铭刻在史册上。

—— 本笃十六世约瑟夫·阿来士·拉辛格

Chinggis Khan's mother, Hoelun ögelün, said: Khasar had strong arms, but Temujin had strong heart

成吉思汗的母亲诃额伦：哈萨尔双臂有力量，而铁木真心中有力气

额尔敦宝力格 画

现收藏于内蒙古成吉思汗文献博物馆

图片来自《成吉思汗与元朝的建立》，（日本）株式会社，1991 年
蒙古帝国时期草原移动式宫殿（大天幕宫）1. 大帐幕殿　2. 玉座　3. 后座　4. 南向大帐殿　5. 盛大交易会

Kofi Annan, the Former Secretary General of the United Nations: nomadic culture is a great culture of all human beings

联合国前任秘书长科菲·安南：游牧民族的文化是全人类伟大的文化

13 世纪成吉思汗统一蒙古各部，建立了世界上举世无双的庞大蒙古帝国。他所建立的政权和法律，至今对世界各国和地区仍有积极意义。

—— 联合国前任秘书长科菲·安南

Zhu Yuan-chang, emperor and founder of the Mingdynasty (hereinafter short for Taizu): Grandson of Taizu is widely known for his benevolence and virtue

明太祖朱元璋：

太祖之孙以仁德著称

昔中国大宋皇帝主天下310余年，后其子孙不能敬天爱民，故天生元朝。太祖皇帝，起于漠北，凡达达、回回、诸番君长尽平定之。太祖之孙以仁德著称，为世祖皇帝，混一天下，九夷八蛮、海外番国归于一统。百年之间，其恩德孰不思慕，号令孰不畏惧，是时四方无虞，民康物阜。

——《明太祖实录》卷198

忽必烈与皇后察比

《史集》插图，中国台湾国立图书馆藏

Geoffrey Chaucer,"the father of literature" said"Chinggis Khan is the king of all"

14世纪英国「文学之父」杰费雷·乔叟(Geoffrey Chaucer)：
成吉思汗是一位杰出的万物之主

铁木 设计雕塑

成吉思汗与他的两个儿子窝阔台和托雷　14世纪波斯画

Zeng Lian, a historian of Qing dynasty: the grandson of Taizu inherited the great cause, and then the universe was conquered

清代史学家曾廉：

太祖子孙蒙业，遂一宇宙

清朝史学家曾廉在《元书》中对成吉思汗及其子孙的评价是：“太祖崛起三河之源，奄有汉代匈奴故地，而兼西域城郭诸国，朔方之雄盛未有及之者也。遗谋灭金，竟如其策，金亡而宋亦下矣，此非其略有大过人者乎？又明于求才，近则辽金，远则西域，仇敌之裔，俘囚之虏，皆收为爪牙腹心，厥功烂焉，何其宏也，立贤无方，太祖有之矣。羽翼盛，斯其负风也大，子孙蒙业，遂一宇宙，不亦宜乎。”

成吉思汗陵正殿

Washington Post commented on Chinggis Khan as *"the first man of the millennium"*

《华盛顿邮报》评成吉思汗为「千年风云第一人」

美国最有影响的《华盛顿邮报》将成吉思汗评为“千年风云第一人”，该报说：“成吉思汗才智超群，名震四海，直 1227 年去世为止，没有一个人能与他相比。历史并不是圣人、天才和解放者的传说，至今还未找到比他更合适的人选。”

Zhang Zhenpei, a historian of the Republic of China, said: Chinggis Khan created the new national culture

民国史学家张振佩：

成吉思汗创造民族新文化

民国史学家张振佩在《成吉思汗评传》（1943年版）中说："成吉思汗之功业扩大人类之世界观——促进中西文化之交流。——创造民族新文化。"

图片分别来自（蒙古国）额尔德尼胡雅嘎《成吉思汗的马》、那森巴图著《蒙古人留给史上的33次大战役》 2009年

图片来自土耳其版《蒙古人在高加索》一书　　2003 年

Ahmed Necdet Sezer, the president of the Republic of Turkey: maintaining and inheriting Chinggis Khan's cultural heritage is a sacred duty.

土耳其共和国总统艾哈迈德·内杰代特·塞泽尔：维护和传承成吉思汗文化遗产是我们不可推卸的神圣责任

1206 年成吉思汗统一蒙古各部，成为全蒙古的帝王。尽管我们的民族很多世纪以前移居到安纳托利亚地带，但与蒙古人有着不可分割的血缘关系，一直保持着兄弟般的友情。我们有着共同的文化，所以，继续维护和传承成吉思汗文化遗产是我们不可推卸的神圣责任。

—— 土耳其共和国总统艾哈迈德·内杰代特·塞泽尔

德国学者称：成吉思汗为「不屈之王」

German scholars defined that Chinggis Khan as the unyielding king.

思沁 画

无论在欧洲和亚洲，使他们从沉睡状态中苏醒过来，需要一只强有力的手。现在摇醒他们的强有力之手出现了，这就是不屈之王铁木真及其后裔……他们是完成支配世界的至上命运后不久撤离了历史舞台。俄罗斯人、德意志人及其他的西欧诸国民，能够达到现在这样强大和文明，无疑是蒙古人和蒙古军征服的刺激和赐物。

——费朗索儿·冯额尔多满（德国著名学者、《不屈之王铁木真》作者）

The Japanese scholars said that Chinggis Khan is the establisher of world

日本学者称成吉思汗是「建立世界的男子汉」

图片来自日文版《志茂田景树》

他是史上最大帝国的开拓者，是战法的创造发明家，是宗教平等者，是治理国家的革新家。这个人就是“建立世界的男子汉”成吉思汗。他是世界上唯一一位在中原地区黄河流域、中亚地区和欧洲三个战场上同时开战并取得胜利的英雄。成吉思汗所建立的“国家”非常近代化，这个“国家”是个包容多人种、多文化、多宗教的“世界帝国”。他不但重视经济，女子强悍，而且寻求国际化、全球化。

—— 堺屋太一

堺屋太一为著名史学家，日本成吉思汗研究学家，日本信息产业省原官房长官。著有《成吉思汗的世界》，中国台北商周出版，2007年

Genghis Khan and the Mongol Empire

Harper's Magazine, a famous periodical of UK: Besides Jesus, nobody except Chinggis Khan could initiate the start with disaster and close the end with excellence

英国著名期刊《哈珀斯杂志》：起于灾难而终于卓越，除了耶稣，恐怕再难有人与成吉思汗匹敌

成吉思汗与蒙古帝国　伦敦2011年

A Turkish scholar: Chinggis Khan is son of the world

土耳其学者：世界的儿子成吉思汗

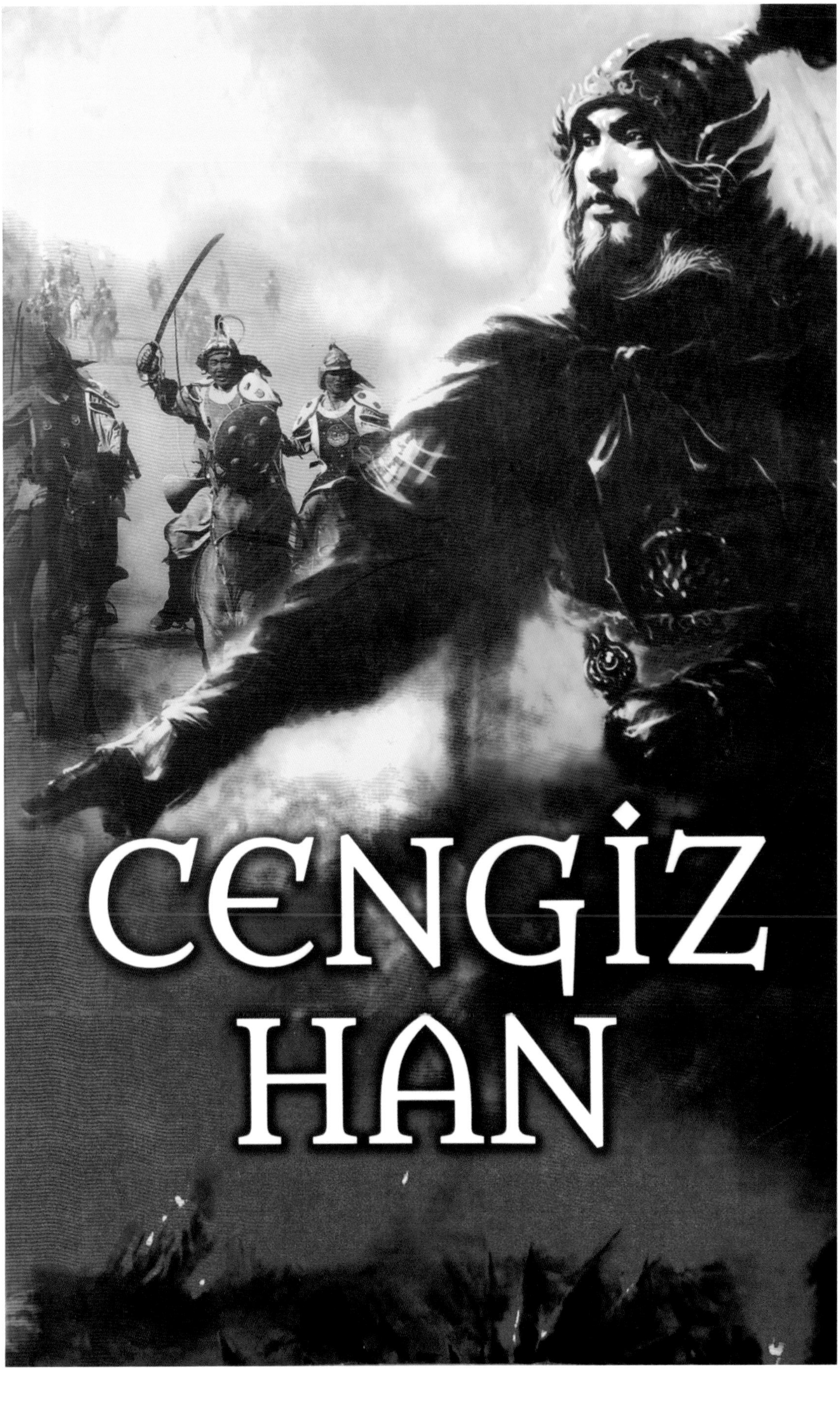

土耳其版《成吉思汗》 安卡拉 2013年

元时期全图
0 180 360千米
图例：
都城
省级驻所
其他居民地
政权部族界
未定
今国界
消灭花剌子模国 1219年，成吉思汗亲自统率大军西征阿姆河下游的花剌子模国，攻取阿姆河沿岸城市，在印度河流域击溃花剌子模新王札兰丁·明布尔努。
察合台汗国
葱岭
中欧经贸往来 元朝通过陆上丝绸之路与阿拉伯和欧洲保持商业联系，中国出口生丝、瓷器和药材，从亚欧各国进口珠宝、木材和象牙等物品。
讨伐中亚国家 1256年，忽必烈命令旭烈兀消灭波斯北面的“木剌夷”；1258年攻陷今巴格达，消灭阿拉伯阿拔斯朝；1259年进兵叙利亚，后又撤回波斯。蒙军行动震动了中亚国家。
蒙古人
色目人
汉人
南人
宣慰司
回族
中书省 元朝在中央设立中书省，上承天子，下辖六部，为全国最高权力机构。中书省的长官是中书令，由皇太子担任，下设左右丞相。
行省制度 元朝在地方设立行省制度，除河北、山西和山东外，地方设立了10个行中书省，简称行省。行省长官由朝廷任命，权力很大，但受到中央节制。
元曲 起源于宋朝民间的散曲在元朝时进入繁荣阶段，与元杂剧相互融合，发展成为元曲。元曲通俗生动，反映了社会现实，在中国文学史上占有重要地位。
王实甫与《西厢记》 元朝杂剧作家王实甫创作出不朽名作《西厢记》。它词曲华美，富于诗意。其中“愿普天之下有情人都成眷属”的愿望，更是引起人们的共鸣。
《农桑辑要》 元世祖忽必烈颁布《农桑辑要》，全书共7卷，6万余字，用于指导北方农业生产，强调农耕与蚕桑业并重。
关汉卿与《窦娥冤》 关汉卿（约1230～约1300年），元朝杂剧作家。代表作是《窦娥冤》，该剧描写了窦娥遭受冤屈、最后伸冤的故事。
郭守敬（1231～1316年）
天文测量，编制新历法《授时历》。
元朝与印度往来 忽必烈时中印派人互访。元顺帝派人携带丝织品访问印度德里，德里也派人到元朝回访。中印派使者互访达数十次。
元朝与东非 元朝时，平民汪大渊随商船出海游历，到达了东非的桑给巴尔等国。摩洛哥人在中国居住，经商致富。
赵孟頫（fǔ）（1254～1322年） 元朝画家、书法家。他博学多才，擅长绘画和书法，

元朝（1271～1368年）

元朝是蒙古族建立的政权。1206年成吉思汗建立蒙古汗国，1271年忽必烈改国号为“大元”，1279年消灭南宋，统一全国。元朝疆域广阔，各民族间经济文化交流频繁。元朝对外贸易繁盛，泉州是世界第一大港口。元朝科技进步，文化繁荣，元曲名家辈出，棉纺织业出现长足发展。但由于元朝实行民族歧视政策，民族矛盾和社会矛盾尖锐，1368年被明朝取代。

地图说明

1206年，成吉思汗在漠北建立蒙古汗国。此后蒙古先后征服了西辽、西夏、金、吐蕃（bō）、大理。1271年，忽必烈建立元朝，次年定都大都。1276年，元灭南宋，统一了全国，元朝成为中国历史上疆域又一次扩展时期。疆域东、南到海，西抵今新疆以西，西南至西藏和云南，北面包括西伯利亚大部，东北到鄂霍次克海。

图片来自《中国历史地图绘本》

伟大的革命先行者孙中山：元朝时期远比中国最强盛的时期更强大

Our great revolutionary forerunner Sun Yat-sen: Yuan Dynasty is much more powerful than the most prosperous era in Chinese history

元朝时期几乎整个欧洲被元朝所占领，远比中国最强盛的时期更强大了。

—— 孙中山（伟大的革命先行者、民主革命的先驱）

蒙古帝国的英雄们　　阿迪亚巴匝尔（蒙古国）画

Marx, the founder of scientific socialism states that more than 720 ethnic groups were conquered by Chinggis Khan and his decedent during seven-decades

科学社会主义的创始人马克思：成吉思汗祖孙三代人鏖战六七十年，征服民族多达720部

成吉思汗，戎马倥偬，征战终生，统一了蒙古，为统一中国而战。为征服世界，祖孙三代人鏖战六七十年，其后征服民族多达720部。

The great leader, Mao Zedong once called for getting back to the glory era of Chinggis Khan

中华人民共和国主席毛泽东曾经号召：要找回成吉思汗时代的荣耀

1935—1936年，中国人民的伟大领袖毛泽东曾经号召蒙古人与中国共产党携手合作，要找回成吉思汗时代的荣耀。毛泽东最早称成吉思汗为"一代天骄"。

中国古代画

US TIME magazine announced the selection results: the great Chinggis Khan topped among the great figure of millennium

美国《时代周刊》宣布评选结果：成吉思汗荣登千年伟人金榜

图片来自米立阳•格瑞巴拉提（美国）著《成吉思汗与蒙古帝国》波斯画

美国时事刊物《时代周刊》2000 年 12 月 16 日向世界郑重宣布了“对本千年 10 个影响最大的人物”的评选结果，成吉思汗荣登金榜。其依据是：他是上个千年的最伟大人物之一，其英雄事迹代代相传、盖世无双。由他奠基，其子孙相继开拓、建立的蒙古大帝国，在欧亚两洲辽阔的版图上，持续数世纪之久，影响全球。

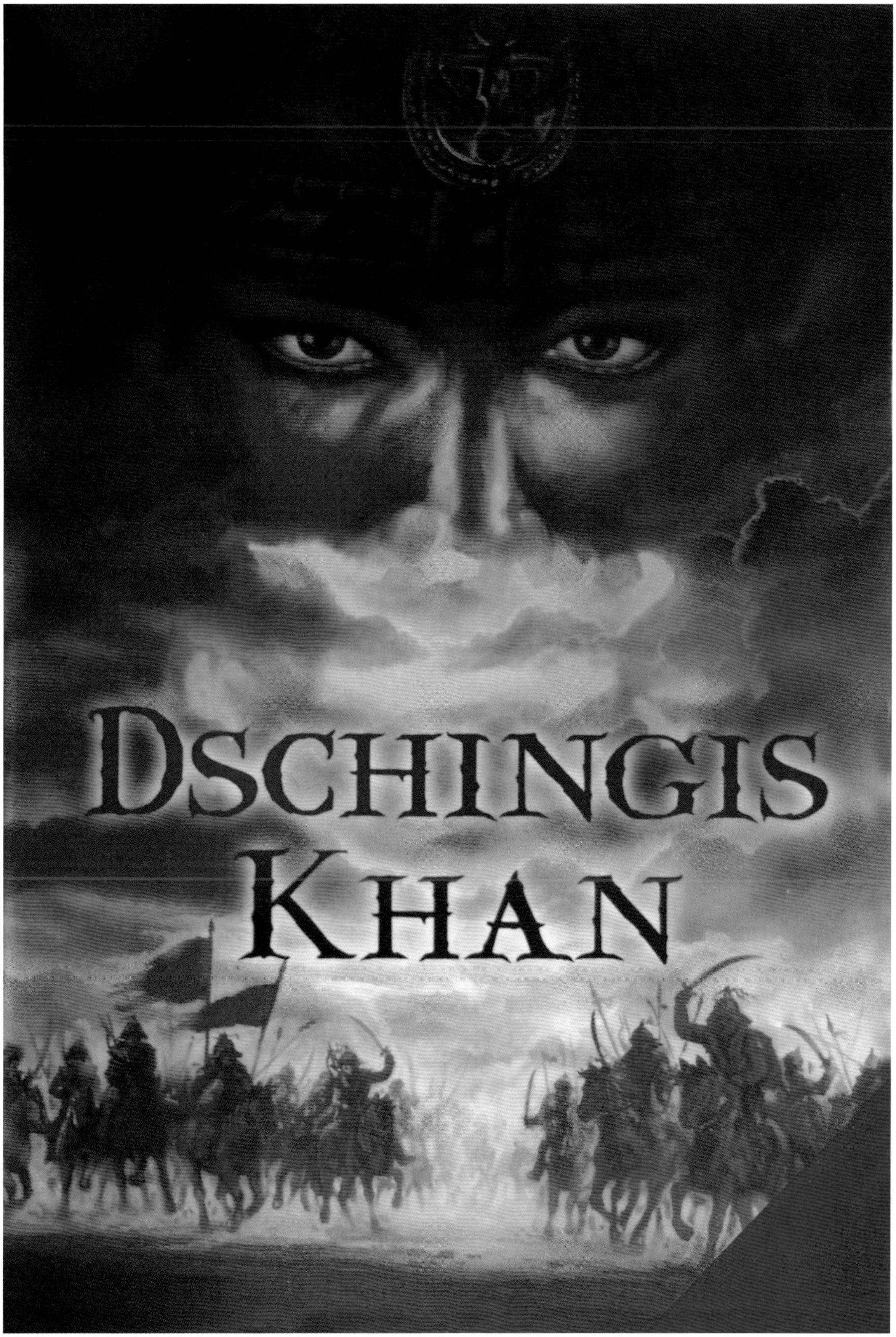

图片来自美国某杂志

Europeans called Chinggis Khan as "Scourge of God"

欧洲人称成吉思汗为「上帝之鞭」

欧洲人称其为“上帝之鞭”，他是名副其实的“人类之王”。世界秩序因他而改变，人类的世界观因他而升华。

——（美国）《华盛顿邮报》

草原大写意　吴·斯日古楞作

A Russian military strategist exclaimed: Chinggis Khan's success is the first great achievement in human history. Russian strategists exclaimed that Chinggis Khan epoch-making

俄国军事家惊呼：开天辟地以来从未有过

通观世界历史，用很少兵力，在很短时间内，攻略广大土地，统治众多人口，除成吉思汗时代的鞑靼人和帖木儿时代的中亚细亚人之外，开天辟地以来从未有过。

—— 柯列金（俄国军事家）

成吉思汗剪纸 作者巴特尔朝戈为蒙古国著名画家，被称为「蒙古剪刀手」奇才

Chinese modern thinker, Liang Qichao:
It is our obligation to compose and craft a tailored biography.

中国近代思想家梁启超：
我们有义务为成吉思汗作专传

蒙古禄马 完美的表现了对大自然的崇拜 阿木尔巴图作品

成吉思汗是建立大蒙古国的功勋人物，世界上国家政权的创建者。他的动作关系全世界。我们有义务为成吉思汗作专传。

——梁启超（中国近代思想家、卓越的教育家）

大海可汗——成吉思汗 敖特根照日格图 画

Chinggis Khan is like an ocean

成吉思汗——海洋般的大汗

目前专家们对"成吉思"一词有"大海"、"强大、刚强"、"天赐"等几种解释。但大多数学者倾向法国蒙古史学家于伯希和对这个尊号的解释，认为："成吉思"是"大海"的意思，颂扬他和海洋一样伟大；"汗"是皇帝的意思。成吉思汗，就是"拥有四海的无比强大的王者"。大蒙古国玉玺（也称成吉思汗玉玺）印文六行 18 个回鹘蒙古文字，用现代汉语翻译为：凭借长生天的力量，大蒙古国大海可汗圣旨所到之处，所有的臣民必须敬之畏之！ 这里称大蒙古国可汗为"大海之王"，其内容深邃，意义非常重大。

圣主广

Silva, the president of the Republic of Portugal said that magnificent feat of Chinggis Khan will be etched in human history forever

葡萄牙共和国总统席尔瓦：

成吉思汗的壮举将铭刻在人类发展的史册上

圣主广场　　丹森 设计制作　　呼格吉勒 拍摄　　圣主广场坐落在内蒙古（哈素海）敕勒川文化旅游区

13 世纪初，成吉思汗为统一蒙古游牧各部，扩张疆域而进行的壮举将铭刻在人类发展的史册上。这一世界文明古国的成立，意味着全面改变了中亚地带的地缘政治和文化状况。

——葡萄牙共和国总统席尔瓦

Vaclav Klaus, the president of Czech Republic: Chinggis Khan is the prominent hero of Mongolian history

捷克共和国总统瓦茨拉夫•克劳斯：**成吉思汗是蒙古历史上的杰出功臣**

ᠴᠧᠬ ᠪᠦᠭᠦᠳᠡ ᠨᠠᠢᠷᠠᠮᠳᠠᠬᠤ ᠤᠯᠤᠰ ᠤᠨ ᠶᠡᠷᠦᠩᠬᠡᠢᠢᠯᠡᠭᠴᠢ ᠸᠠᠴᠯᠠᠸ ᠺᠯᠠᠦᠰ: ᠴᠢᠩᠭᠢᠰ ᠬᠠᠭᠠᠨ ᠪᠣᠯ ᠮᠣᠩᠭᠣᠯ ᠤᠨ ᠲᠡᠦᠬᠡ ᠶᠢᠨ ᠣᠨᠴᠠᠭᠠᠢ ᠭᠠᠪᠢᠶᠠᠲᠠᠨ ᠮᠥᠨ

图片来自《环球人物》封面 2010年3月特刊

成吉思汗是蒙古历史上的杰出功臣，也是多个世纪以来对世界历史产生过重要影响的风云人物。他不仅是一位英勇善战的军事统帅，而且他把蒙古军队历练成为比竞争对手更强大的一支力量。他也是一位最懂得与联盟者如何和睦相处，并善于处理与敌对者和竞争者之间矛盾的具有丰富经验的杰出政治家。他又是一位伟大法律的制定者，并成功建立了帝国稳定的政治制度。

—— 捷克共和国总统瓦茨拉夫·克劳斯

American scholars consider that Chinggis Khan is the bold and indomitable warrior

美国学者认为：成吉思汗是「一名饶勇的勇士」

日本版《中国五千年》

他有一匹彪悍的蒙古马，自己又是一名饶勇的勇士。——埃德温·马勒（美国学者）

蒙古国前总理阿木尔称：

成吉思汗创立的伟业为「永载人类史册的伟大创举」

A. Amar, the former Prime Minister of Mongolia, states that Chinggis Khan accomplished great undertaking in human history.

传承　内蒙古大学办公楼浮雕　哨布 作

蒙古人只靠数量不多的骑兵军团便打败了强大的敌人。离开故乡数千公里，远征印度，翻越高加索山脉，到达黑海北部。然后，安然返回故乡。这是史无前例的伟业，是一项永载人类史册的伟大创举。

——阿·阿木尔著《蒙古简史》（作者曾任蒙古国总理）

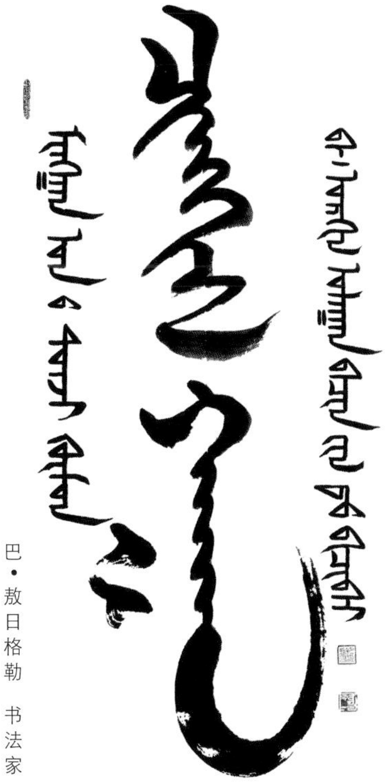

巴·敖日格勒 书法家

Chinggis Khan is the first person who turned entire nation into soldiers successfully

成吉思汗第一个实现了全民皆兵

成吉思汗创造了史无前例的由战士组成的一国人民，由武装骑兵组成的一个国家。

蒙古军西征场面　　图中描绘的是蒙古军与条顿骑士团、波兰联军在奥德河畔大战，蒙古军大胜，联军大败，生还者不足十人

Russian Federation Buryat scholar states: the Grand Unification is the great heritage that Chinggis Khan left to the world

俄罗斯联邦布里亚特学者说：**大统一是成吉思汗留给世界的最大遗产**

“遗产”二字，常以为是金银珠宝或其他物质财富，而额邻真·哈拉—达旺认为，成吉思汗的到来给世界留下的两大遗产是：“西方，在互相敌对的各个公国的废墟上，出现了一个伊凡‘雷帝’治理下的国家；东方，三个国家被蒙古人统一起来，出现了一个统一的中华帝国。”

——（俄罗斯）额邻真·哈拉—达旺（1883—1942）《成吉思汗一位统帅及其遗产》

传承伟业　成吉思汗陵原壁画　李德功 作

图片来自埃及《成吉思汗》

It is recorded in the world famous Jami'al-Tarikh that Chinggis Khan is a “strong symbol”

世界名著《史集》称：成吉思汗是「强符号」

据《史集·部族志》解释：蒙语“成”的意思是“坚强”，“吉思”是其复数，《通史简编》也认为“成”是“刚强”，“吉思”是“多数”。因此，成吉思汗是坚强的大汗的意思。

The book *Human Emperor* wrote that Chinggis Khan conquered much more territory than any other great European figures.

畅销书《全人类帝王成吉思汗》称：

成吉思汗是比欧洲历史舞台上所有的优秀人物更大规模的征服者

成吉思汗是比欧洲历史舞台上所有的优秀人物更大规模的征服者。他不是通常尺度能够衡量的人物，他所率领的军队足迹不能以里数来计量，实际上只能以经纬度来衡量。他们通过的有些地方城市被夷为平地，河川改变方向。

——《全人类帝王成吉思汗》

图片来自瓦西里•杨（俄）著《成吉思汗》

图片来自 Corey Wolfe（美国）著《成吉思汗》 Corey Wolfe 画

Traian Băsescu , the Romanian President: Chinggis Khan is one of the prominent figures in the history

罗马尼亚总统特拉杨•伯塞斯库：成吉思汗是世界历史上最杰出的人物

成吉思汗是一位世界历史上最杰出的人物，1206年他统一蒙古、突厥等部落，建立了统一的合法国家。从此，世界历史上形成了一个崭新的民族——蒙古民族，并建立了对人类历史产生过重大影响的西至伏尔加河，东抵北京的版图最大的帝国。

——罗马尼亚总统

特拉杨·伯塞斯库

图片来自 村上正二（日本）《成吉思汗与蒙古帝国》1991年

Japanese scholar states that Chinggis Khan is the matchless hero in ancient and modern world

日本学者称：成吉思汗为「世界古今盖世之英雄」

自有地球以来，不知道有多少英雄席卷大陆；自有历史以来，不知道有多少帝王君主削平邦土。然而规模之大，版图之广属成吉思汗，旷古无比。

—— 太田三郎（日本法学学士、《成吉思汗》作者）

成吉思汗在狩猎 17世纪欧洲画

Italian Traveller called Chinggis Khan as a brave hunter

意大利旅行家称成吉思汗为「上帝面前的勇敢猎人」

这种日日逐猎，年年游牧的生活，既锻炼了蒙古人强壮的体质，又磨练了他们坚强的意志，也培养了他们高超的骑射技术。

——柏朗嘉宾（意大利）

Professor Han Rulin, aChinese Leading historian,: "the great impact of Mongol on the world history started from time of Chinggis Khan."

中国史学泰斗韩儒林先生说：

伟大的蒙古民族在世界历史舞台上起重要作用，是从成吉思汗开始的

图片来自土耳其版《成吉思汗传》

成吉思汗在蒙古民族历史上、中国历史上、世界历史上起过重要作用。伟大的蒙古民族在世界历史舞台上起重要作用，是从成吉思汗开始的。

—— 韩儒林（中国史学泰斗）

Mihai Aladin Zzani, 13th century Persian historian: Chinggis Khan is tall, strong and cold

13世纪波斯历史学家朮兹札尼说：成吉思汗高大、强壮且冷酷

图片来自《新漫画中华帝王系列——成吉思汗》权迎升编 知识出版社2002年 敖特根照日格图画

13世纪波斯历史学家术兹札尼（1193—1265年）曾描述过成吉思汗外貌形态。成吉思汗是一个体格高大，气力非凡，身材健壮，脸上毛发稀少并且已呈白色，有双猫一样眼睛的人；拥有非凡的精力，聪颖并极富洞察力与理解力的人；威严、嗜杀、公正、果断、克敌无数、勇猛无畏，并且残酷的人。

ᠹᠠᠷᠠᠨᠰᠢ ᠤᠯᠤᠰ ᠤᠨ ᠬᠠᠭᠠᠨ : ᠶᠡᠷᠲᠢᠨᠴᠦ ᠶᠢᠨ ᠭᠠᠭᠴᠠ ᠡᠵᠡᠨ ᠪᠣᠯ ᠴᠢᠩᠭᠢᠰ ᠬᠠᠭᠠᠨ

法国国王：在地上只有一个君主

The king of France: Chinggis Khan is the only monarch on the earth

16世纪波斯细密画

绘制于成吉思汗去世300年之后，显示出他持久的影响力

在天上，只有一个上帝；在地上，只有一个君主。

——法国国王路易九世

Mary McAleese, the President of the Republic of Ireland: Chinggis Khan is a visionary leader

爱尔兰共和国总统玛丽·麦卡利斯：成吉思汗是一位高瞻远瞩的领袖人物

水墨画成吉思汗
佟程浩 作

成吉思汗通过忽里勒台提出了800年来蒙古人民一直在传承、遵循的民族和睦统一的思想。他是一位高瞻远瞩的领袖人物。

——爱尔兰共和国总统玛丽·麦卡利斯

Chinggis Khan is the founder of the modern world. In terms of shaping the modern world.Chinggis Khan is a modern man

成吉思汗是现代世界的奠基人，在塑造现代化世界方面，完全是一个现代人

侯一民　画

他是近现代文明和全球化体系的开拓者，在塑造现代化世界方面，完全是一个现代人。如果没有全球性的商业扩张，恐怕也就没有今天的世界体系。在促进全球商业方面，没有哪个民族能与蒙古人相比。

——杰克·威泽弗德（美国人类学家、畅销书《吉思汗与今日世界的形成》作者）

2

惊醒了沉睡的世界——成吉思汗的世界影响及现代性

Shock in a sleeping world —— Chinggis Khan's world influence and modernity

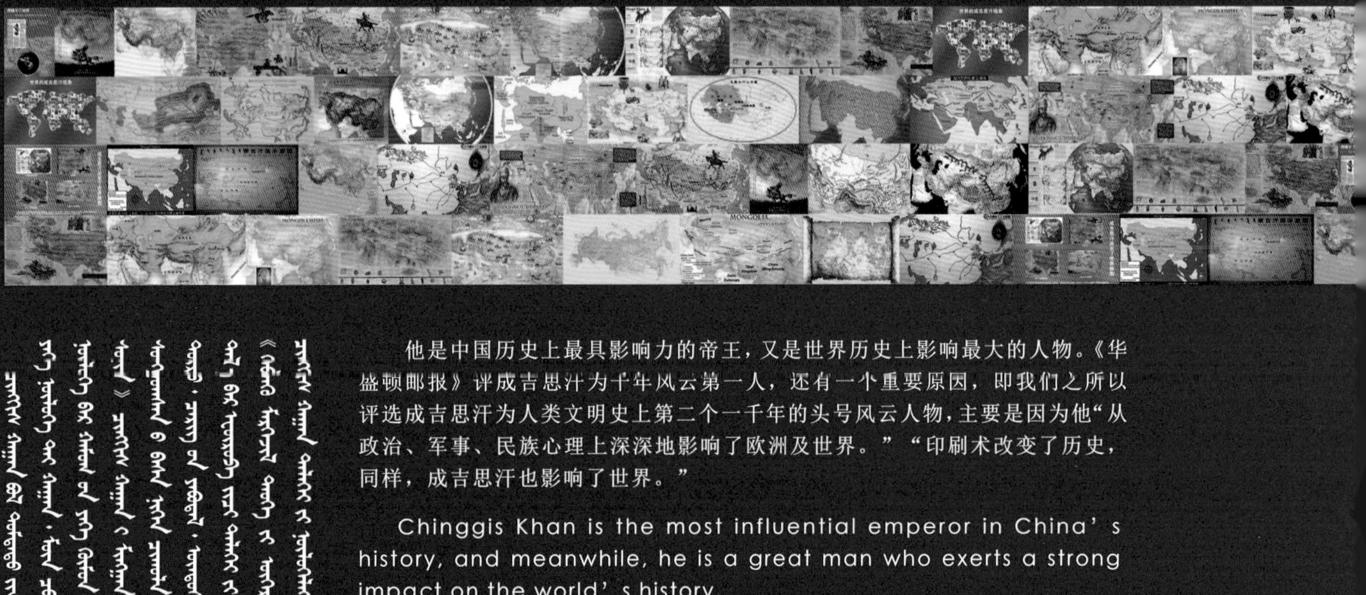

他是中国历史上最具影响力的帝王，又是世界历史上影响最大的人物。《华盛顿邮报》评成吉思汗为千年风云第一人，还有一个重要原因，即我们之所以评选成吉思汗为人类文明史上第二个一千年的头号风云人物，主要是因为他“从政治、军事、民族心理上深深地影响了欧洲及世界。”“印刷术改变了历史，同样，成吉思汗也影响了世界。”

Chinggis Khan is the most influential emperor in China's history, and meanwhile, he is a great man who exerts a strong impact on the world's history.

Washington Post ranked Chinggis Khan is as the first person in a millennium and as the second man of power of human civilization millennium, because he significantly influenced Europe and the rest of the world in the aspect of politics, military, national soul. Printing changed human history, and likewise, Chinggis Khan influenced the whole world.

目录

ᠴᠢᠩᠭᠢᠰ ᠬᠠᠭᠠᠨ ᠤ ᠵᠢᠷᠤᠭ

成吉思汗画像

Portrait of Chinggis Khan

布尔古德，书法家

In the history of China, there is no second historical figures like Chinggis Khan who gained so many attention

在中国历史上没有第二个历史人物像成吉思汗这样，受到这么多人的关注——「千年风云第一人」——世界69位国家元首眼中的成吉思汗」

成吉思汗就像一块巨大的吸铁石，强烈地吸引着世界各国领导人的目光。这是一个世界罕见的现象。著名蒙元史学家、中国社科院学部委员陈高华先生说得好：“在中国历史上没有第二个历史人物像成吉思汗这样，受到这么多人的关注”。

对整个世界来说，成吉思汗死后的影响比他生前更大　　冯三鬼画

The infuluence of Chinggis Khan for today is much more significant than that was in his time

成吉思汗逝世后的影响比他生前更大

对整个世界来说，成吉思汗逝世后的影响比他生前更大，七八个世纪以来，均产生过极为广泛、极为深远的影响。成吉思汗研究专家、30集电视剧《成吉思汗》的编剧朱耀廷先生说："在中国众多的帝王中，大概只有成吉思汗是最具有世界影响的人物"。

The Central Eurasian grassland did not forget the name of Chinggis Khan

中央欧亚草原没有忘记成吉思汗的名字

图片来自穆库苏德（巴基斯坦）著《成吉思汗》益乐穆伊尔凡出版社 2011 年

蒙古帝国与此前的游牧帝国所不同的一点只是中央欧亚草原的游牧民没有忘掉成吉思汗的名字。在以后的游牧民社会中，只有成吉思汗的父系子孙才可以拥有汗号这条不成文的法律，直到 17 世纪至 20 世纪他们各自独立之前，始终统治着人们的思想，它被称作成吉思汗血统原理（Chinggisid Principle）。成吉思汗这样伟大的人格力量只能用由中央欧亚草原全体游牧民来体现神的意志的结果：人们都被统一到帝国之内来说明。

宫脇淳子（日本）著：《最后的游牧帝国——准噶尔部的兴亡》，晓克译，内蒙古人民出版社，2005 年 4 月出版。

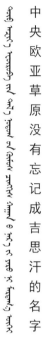

He (Chinggis Khan) shortened the distance of the world, and shrink the size of the planet

他（成吉思汗）拉近了世界，缩小了地球

他缩小了地球

——成吉思汗为何被评为千年风云第一人

政治领袖，军事奇才
依据由谁缩小了地球为原则，美国《华盛顿邮报》评成吉思汗为千年风云第一人

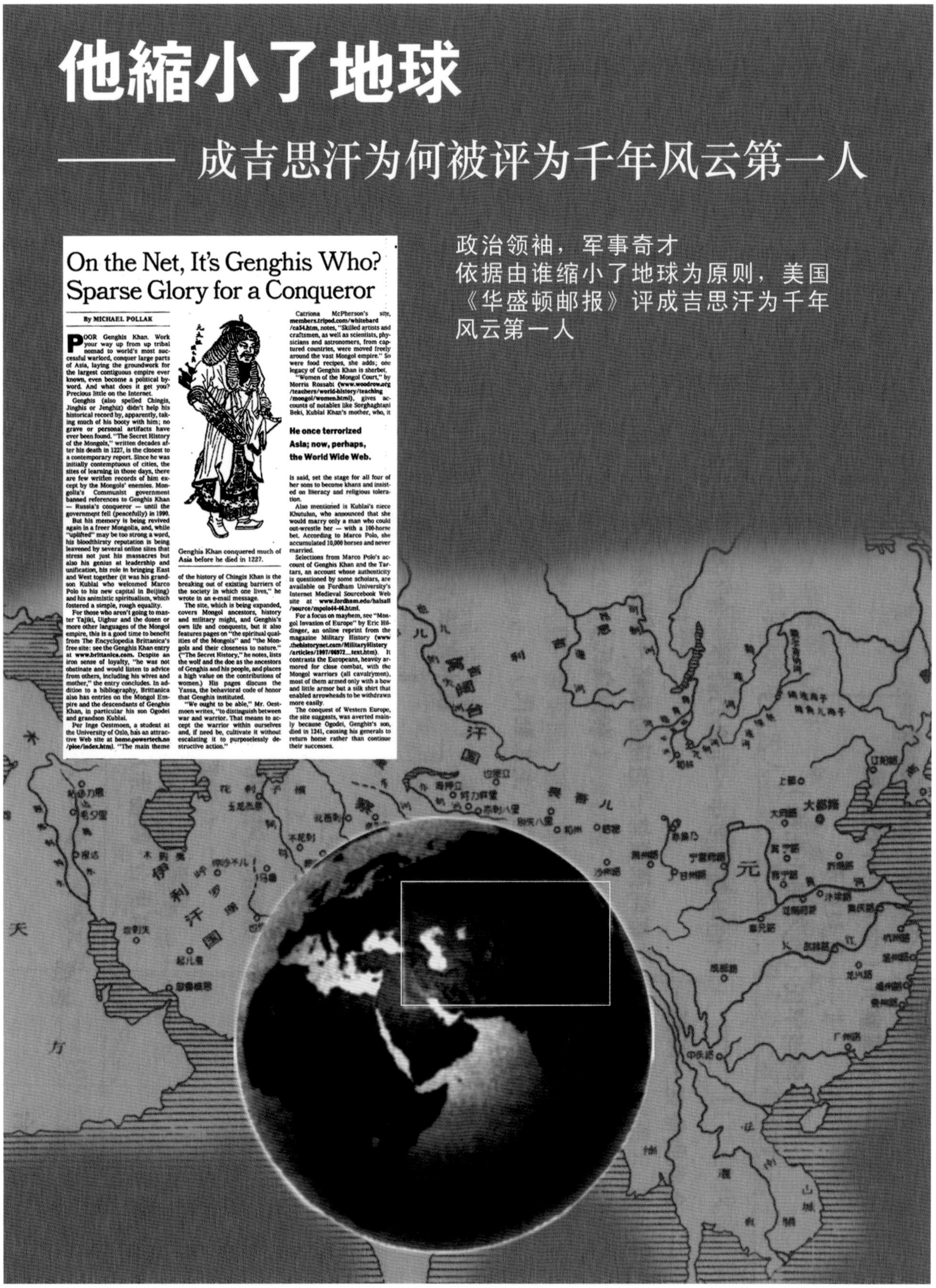

On the Net, It's Genghis Who? Sparse Glory for a Conqueror

By MICHAEL POLLAK

POOR Genghis Khan. Work your way up from up tribal nomad to world's most successful warlord, conquer large parts of Asia, laying the groundwork for the largest contiguous empire ever known, even become a political byword. And what does it get you? Precious little on the Internet.

Genghis (also spelled Chingis, Jinghis or Jenghiz) didn't help his historical record by, apparently, taking much of his booty with him; no grave or personal artifacts have ever been found. "The Secret History of the Mongols," written decades after his death in 1227, is the closest to a contemporary report. Since he was initially contemptuous of cities, the sites of learning in those days, there are few written records of him except by the Mongols' enemies. Mongolia's Communist government banned references to Genghis Khan — Russia's conqueror — until the government fell (peacefully) in 1990.

But his memory is being revived again in a freer Mongolia, and, while "uplifted" may be too strong a word, his bloodthirsty reputation is being leavened by several online sites that stress not just his massacres but also his genius at leadership and unification, his role in bringing East and West together (it was his grandson Kublai who welcomed Marco Polo to his new capital in Beijing) and his animistic spiritualism, which fostered a simple, rough equality.

For those who aren't going to master Tajiki, Uighur and the dozen or more other languages of the Mongol empire, this is a good time to benefit from The Encyclopedia Brittanica's free site: see the Genghis Khan entry at www.brittanica.com. Despite an iron sense of loyalty, "he was not obstinate and would listen to advice from others, including his wives and mother," the entry concludes. In addition to a bibliography, Brittanica also has entries on the Mongol Empire and the descendants of Genghis Khan, in particular his son Ogodei and grandson Kublai.

Per Inge Oestmoen, a student at the University of Oslo, has an attractive Web site at home.powertech.no/pioe/index.html. "The main theme of the history of Chingis Khan is the breaking out of existing barriers of the society in which one lives," he wrote in an e-mail message.

The site, which is being expanded, covers Mongol ancestors, history and military might, and Genghis's own life and conquests, but it also features pages on "the spiritual qualities of the Mongols" and "the Mongols and their closeness to nature." ("The Secret History," he notes, lists the wolf and the doe as the ancestors of Genghis and his people, and places a high value on the contributions of women.) His pages discuss the Yassa, the behavioral code of honor that Genghis instituted.

"We ought to be able," Mr. Oestmoen writes, "to distinguish between war and warrior. That means to accept the warrior within ourselves and, if need be, cultivate it without escalating it to purposelessly destructive action."

Catriona McPherson's site, members.tripod.com/whitebard/ca54.htm, notes, "Skilled artists and craftsmen, as well as scientists, physicians and astronomers, from captured countries, were moved freely around the vast Mongol empire." So were food recipes, she adds; one legacy of Genghis Khan is sherbet.

"Women of the Mongol Court," by Morris Rossabi (www.woodrow.org/teachers/world-history/teaching/mongol/women.html), gives accounts of notables like Sorghaghtani Beki, Kublai Khan's mother, who, it is said, set the stage for all four of her sons to become khans and insisted on literacy and religious toleration.

He once terrorized Asia; now, perhaps, the World Wide Web.

Also mentioned is Kublai's niece Khutulun, who announced that she would marry only a man who could out-wrestle her — with a 100-horse bet. According to Marco Polo, she accumulated 10,000 horses and never married.

Selections from Marco Polo's account of Genghis Khan and the Tartars, an account whose authenticity is questioned by some scholars, are available on Fordham University's Internet Medieval Sourcebook Web site at www.fordham.edu/halsall/source/mpolo44-46.html.

For a focus on mayhem, see "Mongol Invasion of Europe" by Eric Hildinger, an online reprint from the magazine Military History (www.thehistorynet.com/MilitaryHistory/articles/1997/06972_text.htm). It contrasts the Europeans, heavily armored for close combat, with the Mongol warriors (all cavalrymen), most of them armed only with a bow and little armor but a silk shirt that enabled arrowheads to be withdrawn more easily.

The conquest of Western Europe, the site suggests, was averted mainly because Ogodei, Genghis's son, died in 1241, causing his generals to return home rather than continue their successes.

Genghis Khan conquered much of Asia before he died in 1227.

美国《华盛顿邮报》评成吉思汗为千年风云第一人，其原则是：他“缩小了地球，拉近了世界”。

组合图 孟坤 制作

Chinggis Khan created the world largest empire

成吉思汗创建了世界上版图最大的帝国

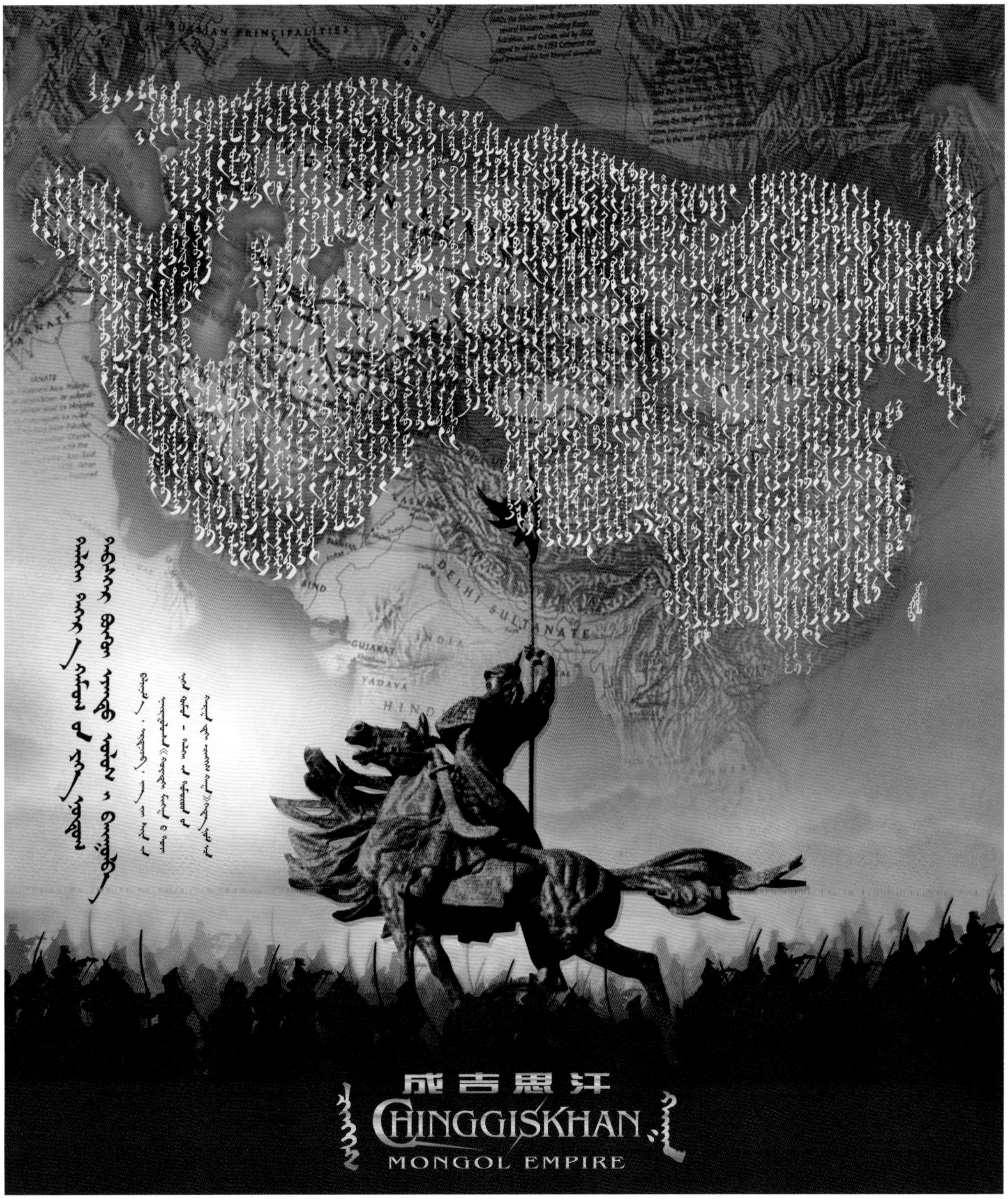

德格吉勒图书法

哈斯其其格 制作

成吉思汗创建了世界上版图最大的帝国。苏俄著名学者巴托尔德说：成吉思汗帝国的建立，是世界上独一无二的事件，把远东和前亚的文明国家统一在一个王朝的政权之下是空前绝后的。

The emperor Peter also used Chinggis Khan's strategic

俄国彼得大帝也用过成吉思汗之战略战法

为成吉思汗佩戴皇冠　　图片来自《马可·波罗游记》

莫斯科的东正教是由黑海向北的河流传来的，又受到希腊城邦文化的影响，所以莫斯科有蒙古野性的组织和军事制度，又有东正教和希腊理性的东西。彼得大帝对这些体验特别深，他的征杀完全是蒙古式的，法制是从蒙古学的，鞭打贵族也是从蒙古学的。彼得大帝的游戏兵团是蒙古的近卫军。

——摘自宋宜昌、倪健中主编《风暴帝国》，中国国际广播出版社，1997 年

Egyptian President Mubarak : Chinggis Khan had a profound influence on the Middle Ages

埃及总统穆巴拉克：成吉思汗对中世纪产生了深刻影响

德文版《成吉思汗》

在历史上成吉思汗的功劳不仅统一了蒙古各部落，而且对重新绘制中世纪世界地图产生了深刻影响。同时，他生前的成功举动和身后的光辉形象，充分证明成吉思汗是一位伟大的政治家，杰出的军事家和具有高超能力的组织者。

——埃及总统穆巴拉克

aquesta carauana es partida de limp
de sarra pasar adkatayo

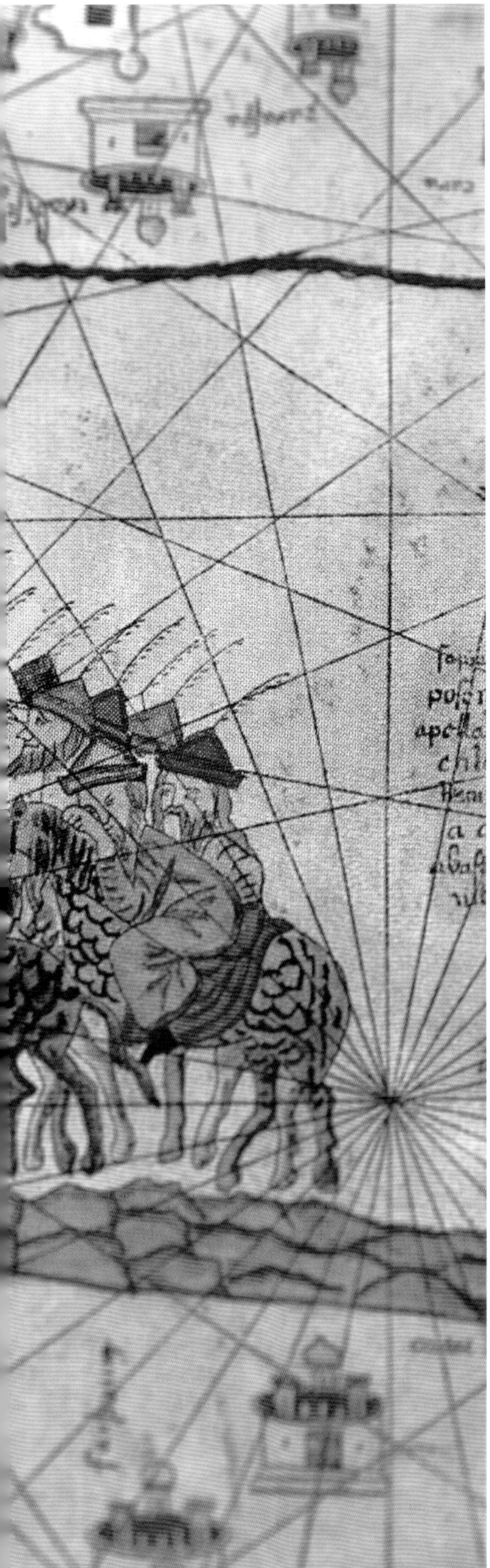

The trade route across Central Asia is of great significance to the development of Eastern and Western business

这条「横穿中亚的商路」，对于当时东西方商业的发展具有重大意义

加拿大史学家斯塔夫里·阿塔斯说："由于蒙古帝国的兴起，陆上贸易发生了一场大变革。历史上第一次也是唯一一次，一个政权横跨欧亚大陆，从波罗的海到太平洋，从西伯利亚到波斯湾。""往来于这条大道的商人们说，无论白天还是黑夜，在塔那到中国的路上行走，是绝对安全的"。这条"横穿中亚的商路"，对于当时东西方商业的发展具有"重大意义"。

商贸往来　　现收藏于土耳其伊斯坦布尔　波斯画

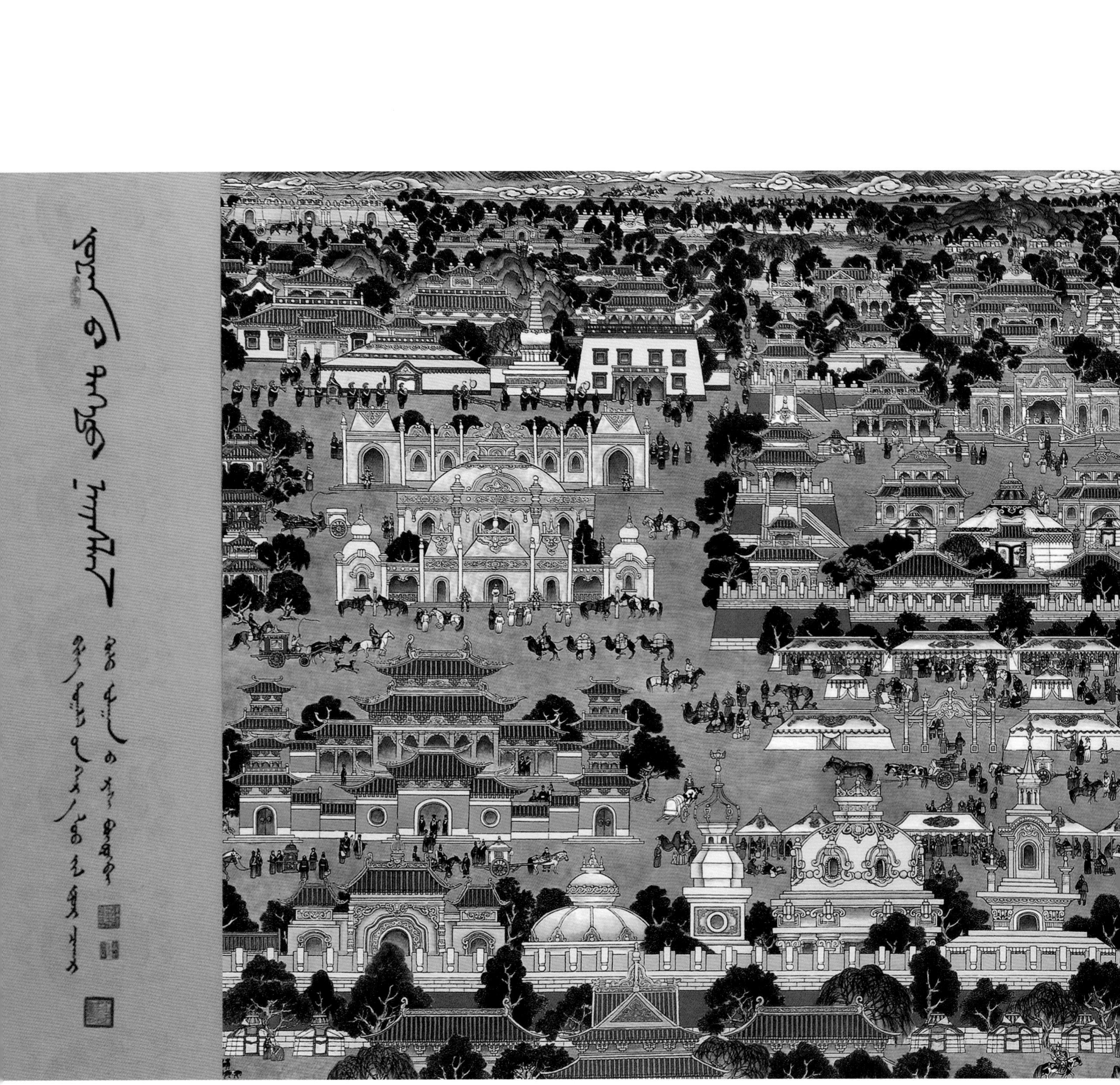

中国画　若希创作　（116cm×420cm）内蒙古自治区重点历史文化题材美术创作作品

元上都遗址，位于内蒙古自治区锡林郭勒盟正蓝旗境内。由我国北方骑马民族创建的这座草原都城，被认定是中原农耕文化与草原游牧文化奇妙结合的产物。当时元上都通往各地的驿道四通八达，为漠北与中原的交通枢纽。元朝时期商贾工匠云集，繁荣兴盛，不但有从中原来的商人，也有从中亚和欧洲来的商人，他们运来各种金属器皿、日用品和为统治阶级享用的奢侈品，而后运走上都地区的畜产品，促进了以元上都为中心的蒙古地区经济繁荣。史学家称它可与意大利古城庞贝媲美，一派繁荣昌盛景象。2012 年 6 月 29 日，第 36 届世界遗产委员会会议讨论并通过将中国元上都遗址列入《世界物质文化遗产名录》。

The president of Iran, Ayatollah Said Ali Khamenei: Chinggis Khan left us numerous valuable things

伊朗总统阿亚图拉•赛义德•阿里•哈梅内伊：

可汗给我们（伊朗人民）留下了许多珍贵的东西

成吉思汗后裔在伊朗 14世纪波斯画

伊朗在蒙古人占领时期的统一，和拜占庭、热那亚、威尼斯和中国以及其他国家交往的建立，促进了这些国家之间的文化交流。精确的科学（如天文、数学等）在伊朗获得了高度发展，建筑学也获得很大发展。

——《伊朗史纲》三联书店，1973年

他说："我们对蒙古人评价很高，感到很亲切。""你们的可汗给我们留下了许多珍贵的东西。让什叶派宗教成为波斯的主要宗教，建立了第一个天文学中心、第一所大学、第一座医院、第一个图书馆。"

——摘自蒙古国总统查希亚·额勒贝格道尔吉接受法国《费加罗报》记者访谈录。（蒙古国家公共电视台2016年1月11新闻报道）

Mongolian conquest played an indelible role on the Persian culture

蒙古人的征服对波斯文化起到了不可磨灭的作用

在波斯处于蒙古人统治时代，许多优秀的匠人却能得到统治者的保护，能够潜心钻研科学。图中的人们有的研究地球仪和热衷于航海，讨论造船术；有的在讨论数学；有的在欣赏远方的瓷器；有的用仪器观察天象。

历史上没有出现过与成吉思汗帝国媲美的国家，它远远超过被欧美人赞不绝口的征服者亚历山大大帝马其顿重枪骑兵的铁骑、罗马军的剑、拿破仑军的大炮所到的境界线。造成了基督教文化和伊斯兰教文化及其他文化直接会面的地理和交通条件，东西交通畅通无阻，真可谓“四海为家”、“无此疆彼界”。被蒙古人征服的塞尔柱王朝和在蒙古国家解体后仍存在了半个世纪的穆札法王朝在保护波斯诗歌方面起到了不可磨灭的作用。

—— 巴托尔德(苏俄著名史学家)

草原丝绸之路在蒙元时期达到了顶峰

Grassland Silk Road reached its peak during the Mongol Empire and Yuan Dynasty

茶马互市图（摘自《中国少数民族文化史图典》北方卷）

蒙元时期是草原丝绸之路最为鼎盛的阶段。成吉思汗建立横跨欧亚的蒙古汗国，道路四通八达，并建立驿站制度，至元朝建立，以上都、大都为中心，设置了帖里干、木怜、纳怜三条主要驿路，构筑了连通漠北至西伯利亚，西经中亚达欧洲，东抵东北，南通中原的发达交通网络。元代全国有驿站1519处，有站车4000余辆，这些站车专门运输金、银、宝、货物、钞帛、贡品等贵重物资。当时，阿拉伯、波斯、中亚的商人通过草原丝绸之路往来中国，商队络绎不绝。草原丝绸之路的发达，为开放的元朝带来了高度繁荣，使草原文明在元朝达到了极盛。中国的指南针、火药、造纸术、印刷术通过草原丝绸之路传播到了欧洲，从而推动了世界文明的发展。

（陈永志：内蒙古文物考古研究所所长，史学博士）

元代墓葬出土的陶商队 选自《天骄遗宝·蒙元精品文物》

Engels, the founder of the Communism of Science : the artillery was introduced to Europe from China in thirteenth Century

科学社会主义的创始人恩格斯：火炮是13世纪从中国传入欧洲的

火炮攻城图

现在已经证实，火炮是13世纪上半叶从中国经过印度传入阿拉伯，由阿拉伯人和火药武器一道经过西班牙进入欧洲

——恩格斯（科学社会主义的创始人、国际无产阶级的卓越领袖和导师）

蒙古人的投石机 波斯古画

在当时世界各国的军队里，最为犀利恐怖的武器当属蒙古人的投石机，为成吉思汗南征北战立下了赫赫战功

蒙古帝国　　乌云额尔德尼 作　蒙古画

The world's most civilized country, the Mongol empire

蒙古帝国是当时世界上最文明的国度

最近，中国台湾权威媒体播放了一段访谈视频，以独特的视觉对蒙古帝国提出了独到的见解。该媒体认为：这里没有人种的等级区分，法律明确，有秩序，治安最安全，商业入股模式，纸币全民流通。这里不是野蛮的帝国，是世界文明的顶点。这就是成吉思汗的蒙古帝国。

向成吉思汗敬水图 现收藏于伊朗德黑兰皇家图书馆 波斯画

Western expedition brought three direct impacts on foreigners' thought on Chinese knowledge and perception

西征给国外关于中国的知识和观念，带来了三个直接结果

从文化交流和文化发展的立场出发，谁也不能轻视成吉思汗的巨大影响。西征给国外关于中国的知识和观念，带来了三个直接结果：其一，中国的物质文化进一步西传；其二，吸收了大批外国商人和旅行家来到中国，使国外关于中国的知识大增；其三，造成了罗马教廷对于向中国派遣传教士的急迫心理和浓厚兴趣。

—— 忻剑飞（中国台湾学者）

He brought peace to the world

他为全世界带来了和平

征战路上太热了，部下为成吉思汗扇风降温

来自意大利出版的《成吉思汗》（作者 费兰莲·阿达拉班悌）

波斯细密画

“他树立了和平”，事实上他为全世界带来了和平。这个和平状态相继了两个世纪。这是不到20年的战争赐物。

—— 朱微尔

（法国著名历史学家）

The birth of Chinggis Khan has changed the direction of the world

成吉思汗的诞生，改变了世界的方向

成吉思汗在布哈拉城发表演讲　波斯画

成吉思汗这样天之骄子的诞生，使世界从沉睡中觉醒，东西文化交流促成。成吉思汗的诞生，改变了世界的方向，形成今日世界之诞生。成吉思汗为睡眠中的世界注入了新的活力，给予了世界旋转的初次动力是不可否认的事实。

——饭村穣（日本军事家、日本陆军大学前校长）

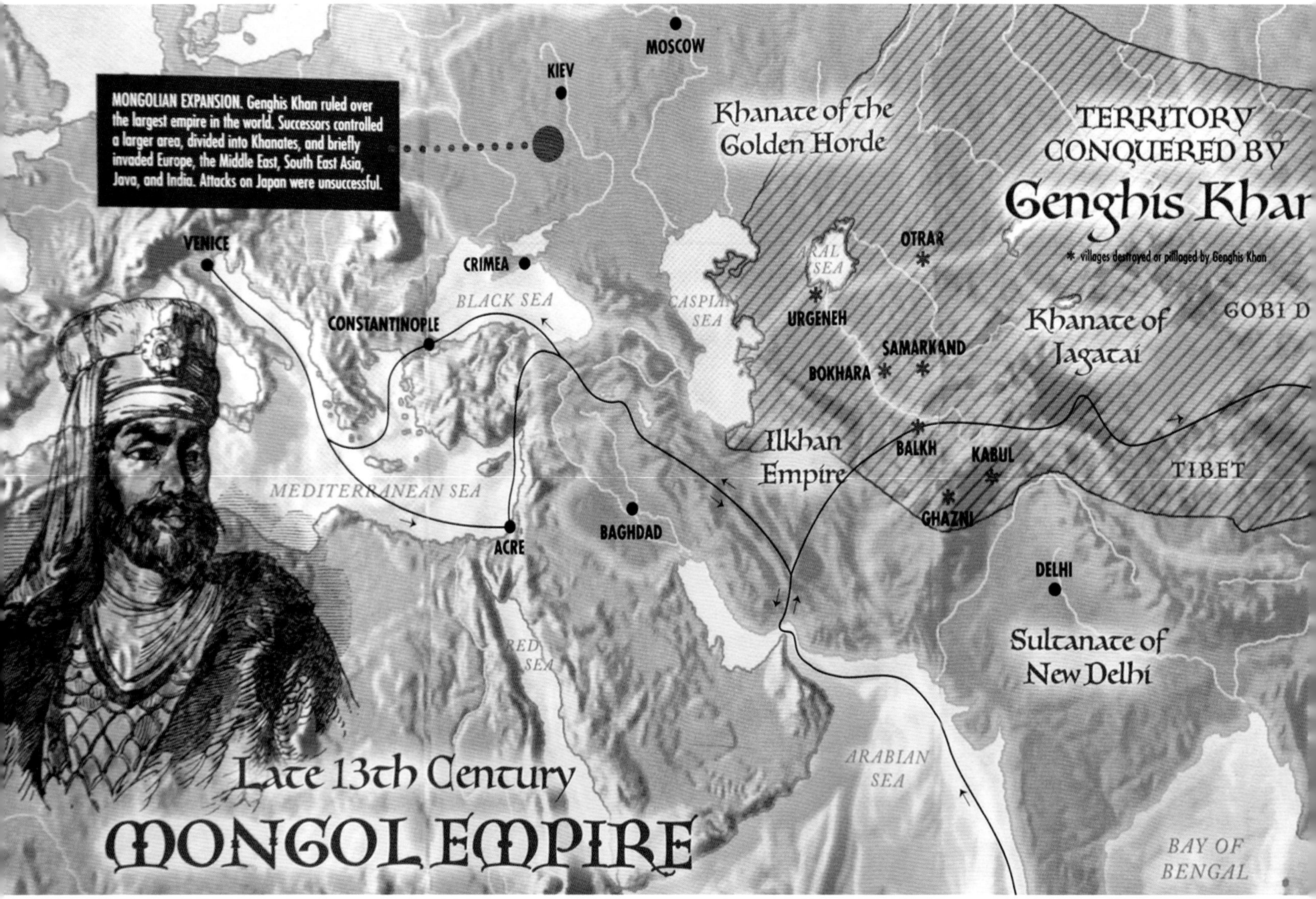
MONGOLIAN EXPANSION. Genghis Khan ruled over the largest empire in the world. Successors controlled a larger area, divided into Khanates, and briefly invaded Europe, the Middle East, South East Asia, Java, and India. Attacks on Japan were unsuccessful.
MOSCOW
KIEV
Khanate of the Golden Horde
TERRITORY CONQUERED BY
Genghis Khan
* villages destroyed or pillaged by Genghis Khan
VENICE
CRIMEA
BLACK SEA
CASPIAN SEA
ARAL SEA
OTRAR
URGENEH
SAMARKAND
BOKHARA
Khanate of Jagatai
CONSTANTINOPLE
Ilkhan Empire
BALKH
KABUL
TIBET
GHAZNI
MEDITERRANEAN SEA
ACRE
BAGHDAD
DELHI
RED SEA
Sultanate of New Delhi
ARABIAN SEA
BAY OF BENGAL
Late 13th Century
MONGOL EMPIRE

Schmidt, Former German Chancellor: in the history of mankind,the concept of integration was only appeared in the era of Chinggis Khan

德国前总理施密特：

在人类历史上，类似一体化，只有成吉思汗等人的时代才出现过

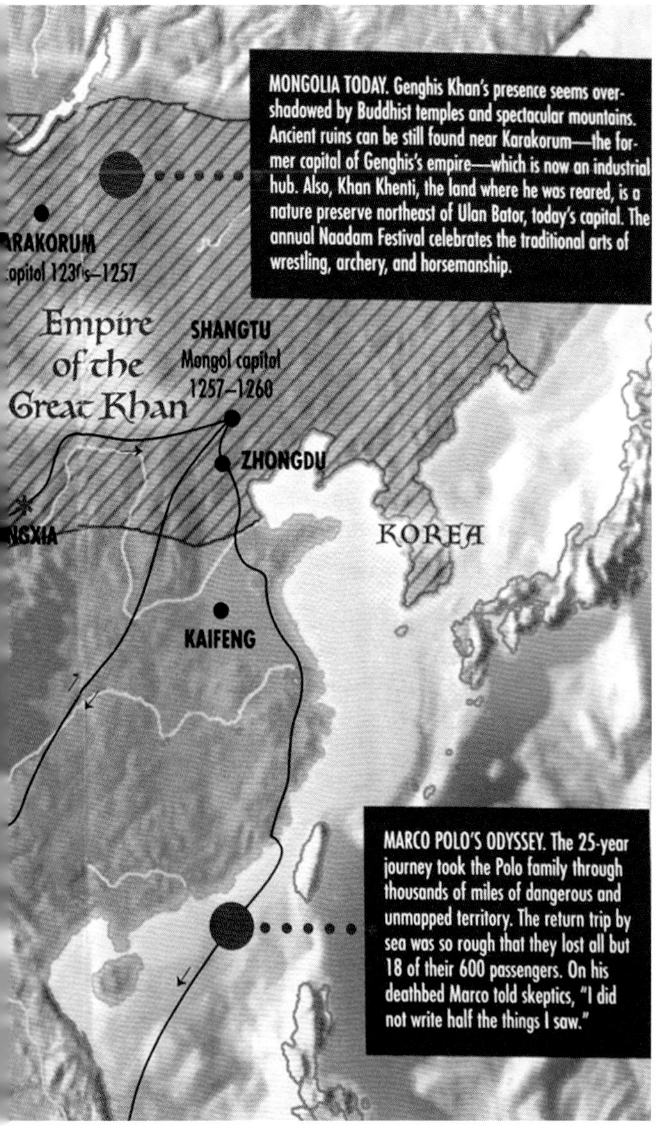
MONGOLIA TODAY. Genghis Khan's presence seems overshadowed by Buddhist temples and spectacular mountains. Ancient ruins can be still found near Karakorum—the former capital of Genghis's empire—which is now an industrial hub. Also, Khan Khenti, the land where he was reared, is a nature preserve northeast of Ulan Bator, today's capital. The annual Naadam Festival celebrates the traditional arts of wrestling, archery, and horsemanship.
Empire of the Great Khan
SHANGTU
Mongol capital 1257–1260
ZHONGDU
KOREA
KAIFENG
MARCO POLO'S ODYSSEY. The 25-year journey took the Polo family through thousands of miles of dangerous and unmapped territory. The return trip by sea was so rough that they lost all but 18 of their 600 passengers. On his deathbed Marco told skeptics, "I did not write half the things I saw."

图片来自戈等塞森（美国）编“历史的开端”（英文版）

Mongol Empire, 1294
Mongol Empire
Great Wall
RUSSIA
EUROPE
URAL MTS.
ASIA
MONGOLIA
Karakorum
GOBI DESERT
Beijing
Black Sea
Caspian Sea
Aral Sea
Tian Shan
Mediterranean Sea
PERSIA
Plateau of Tibet
CHINA
Hangzhou
EGYPT
Arabian Peninsula
INDIA
GEOGRAPHY SKILLS INTERPRETING MAPS
Region How far west did the Mongol Empire stretch?
HISTORY
VIDEO
Genghis Khan: Terror and Conquest
hmhsocialstudies.com

14 世纪前期欧亚大陆主要国家及东西方交流 图片来自《世界历史·文艺复兴中的古文明》

Established and updated the posthouse system

建立健全几乎遍布世界的驿站制度

成吉思汗很重视军队的后勤保障工作，下大力量建立健全几乎遍布世界的驿站制度，主要是为军队后勤保障服务。他有叫做“预力得格其”（实施战斗）的参谋部，传达命令和情报的“箭速传骑”——昼夜可急驰 400 里。元朝盛期驿站多达 1383 处，作为辅助手段每 20 里设急递铺。蒙古军善于快速行军，急战时两三天时间不必下马安灶生火，以奶酪、肉松、肉粉充饥，没有笨重的辎车、军粮等包袱。

The world's most influential person

全球影响最大的人

中国古代画

成吉思汗在历史上的荣光，并没有因时间的流逝而黯淡，他创立的王朝在他死后仍然存在。对整个世界来说，成吉思汗死后的影响比他生前更大。七八个世纪以来，都产生过极为广泛、极为深远的影响。中外军事家、政治家、史学家从各个不同角度解读成吉思汗，其论著不计其数。直到今天，在一些传说、小说中，在电影、电视屏幕上，在戏曲舞台上，还经常看到他的形象和事迹。据不完全统计，全球有60多个国家和地区，组织专人对他进行研究。据历史文献学家乔吉介绍，世界各国大约用十几种语言文字出版了四五十部历史性传记。他的战略战术被后世的许国国家所效仿，被国际上不少高等军事院校所重视，被很多国家的专家学者推崇之至。

——摘自《千年风云第一人》

Chinggis Khan's appearance awakened the sleeping world and opened the intercontinental access

成吉思汗的出现，惊醒了沉睡中的世界，开辟了洲际通路

成吉思汗这个好汉的出现，惊醒了沉睡中的世界，结果发现了美洲大陆，以后是欧洲人称霸世界。所以把成吉思汗的诞生可以看作是今日世界的诞生。

——饭村穣（日本军事家）

成吉思汗征战返回后的场景。1206年，铁木真成为蒙古大汗后，征服西夏、西辽等地，扩充疆土。画中成吉思汗已经征战归国，正与大臣商议国事，侍女们准备酒菜庆贺他归国

波斯细密画

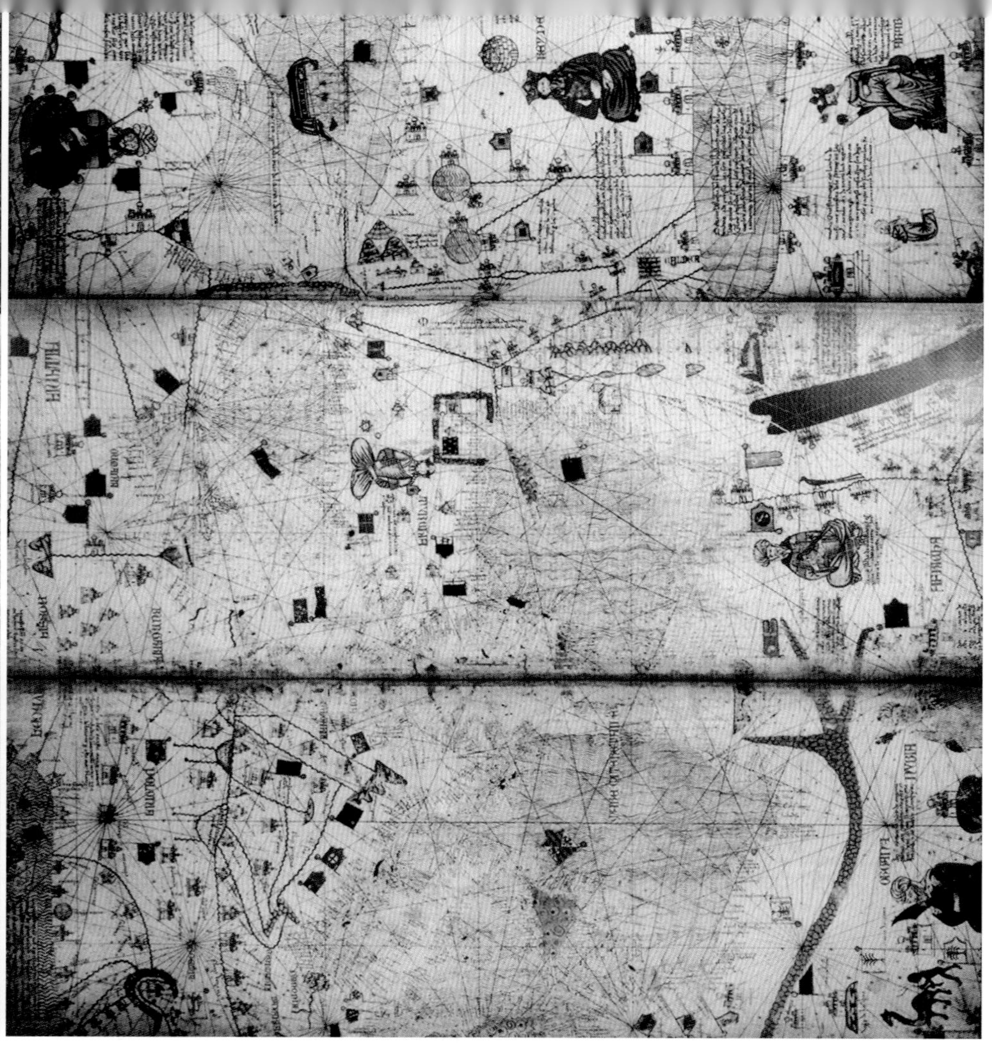

the earliest accomplished Mongol map The four khanates-*Catalan Map*

最早绘制完成的蒙古四大汗国地图
——《加泰罗尼亚地图》

最早绘制完成的蒙古四大汗国地图——《加泰罗尼亚地图》

该图为研究「草原丝绸之路」提供了重要的历史依据

这是一幅蒙古四大汗国地图与航海图，1375年由西班牙阿拉贡王国马略卡地图学校负责绘制了中世纪欧洲的第一幅欧亚大陆交通图——《加泰罗尼亚地图》，形象描绘出当时人类对于欧亚大陆的认知，共用了6张细羊皮，用时一年，图卷长300厘米，宽65厘米。正本收藏在法国国家博物馆。

该地图开始部分描绘了《圣经》「创世纪」与传说人物亚当。最为重要的部分是对当时东方世界的描绘，主要参考了《马可·波罗游记》及13—15世纪使者和旅行家著作的描写，例如在地图上对中国元朝首都标注其名称为「汗八里」（今北京，意为大汗的都城），并绘出忽必烈皇帝像。在该地图上还描绘了蒙古的金帐汗国、伊儿汗国、察合台汗国，画出每一个统治者的画像。地图的注文内容丰富，精细，文字为拉丁文。该地图问世后产生了很大的影响，特别是对西班牙王国以及航海家哥伦布的影响很大，成为许多航海家、旅行家、使者了解东方世界的必备地图，因而具有重要的历史意义。我国考古学家王大方说：这幅地图为研究「草原丝绸之路」，特别是14—15世纪东西方经济文化交流提供了重要的历史依据。

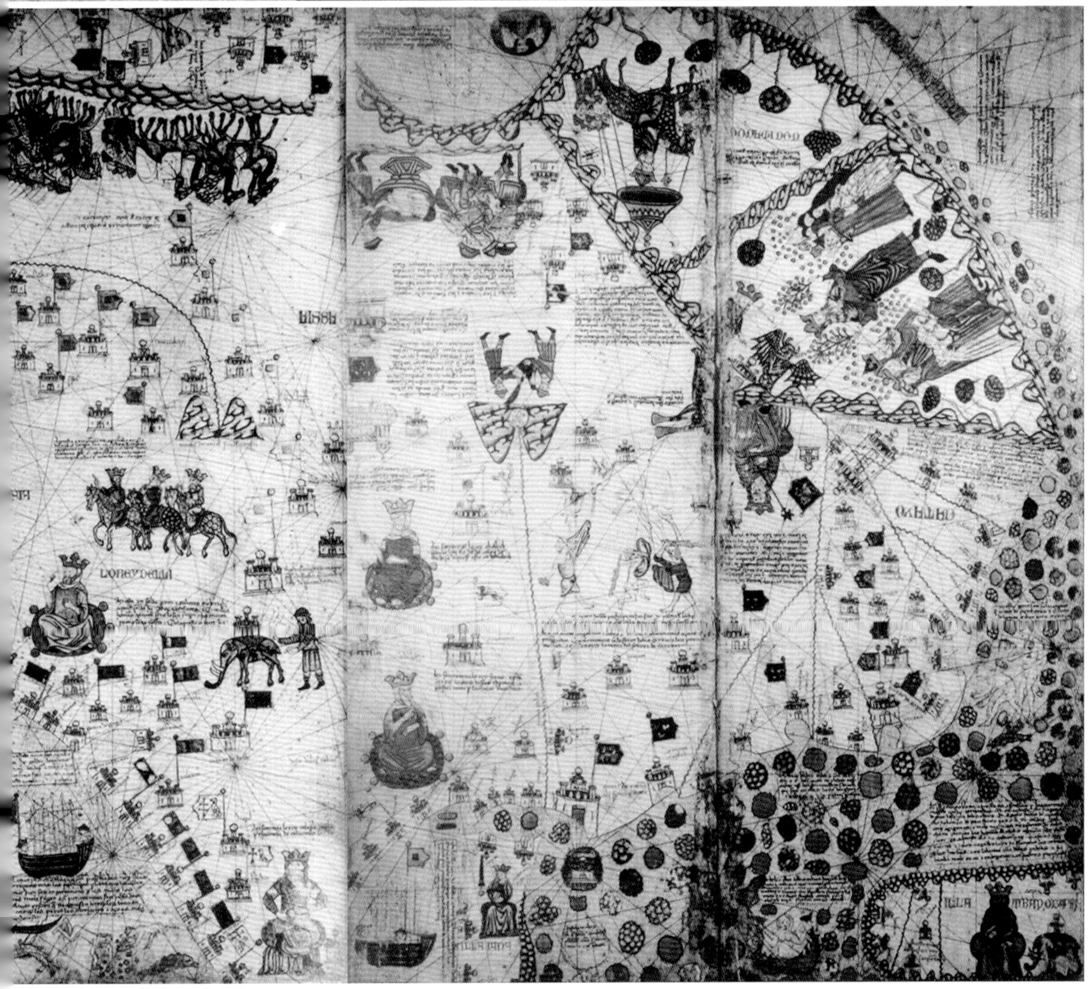

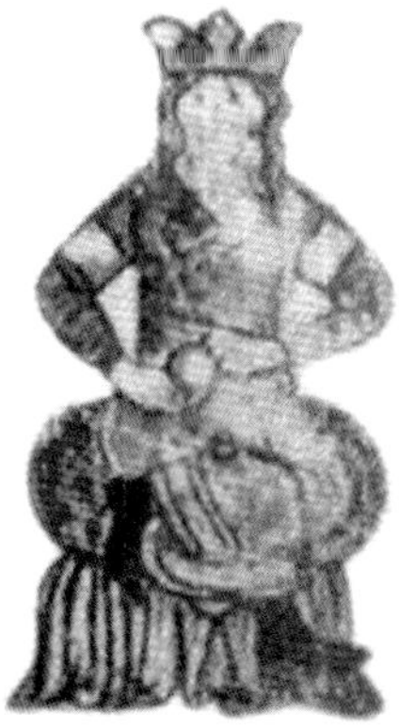

The Mingling Map of Different States' Capitals Drawn In Yuan Dynasty

元代绘制的混一疆理历代国都之图

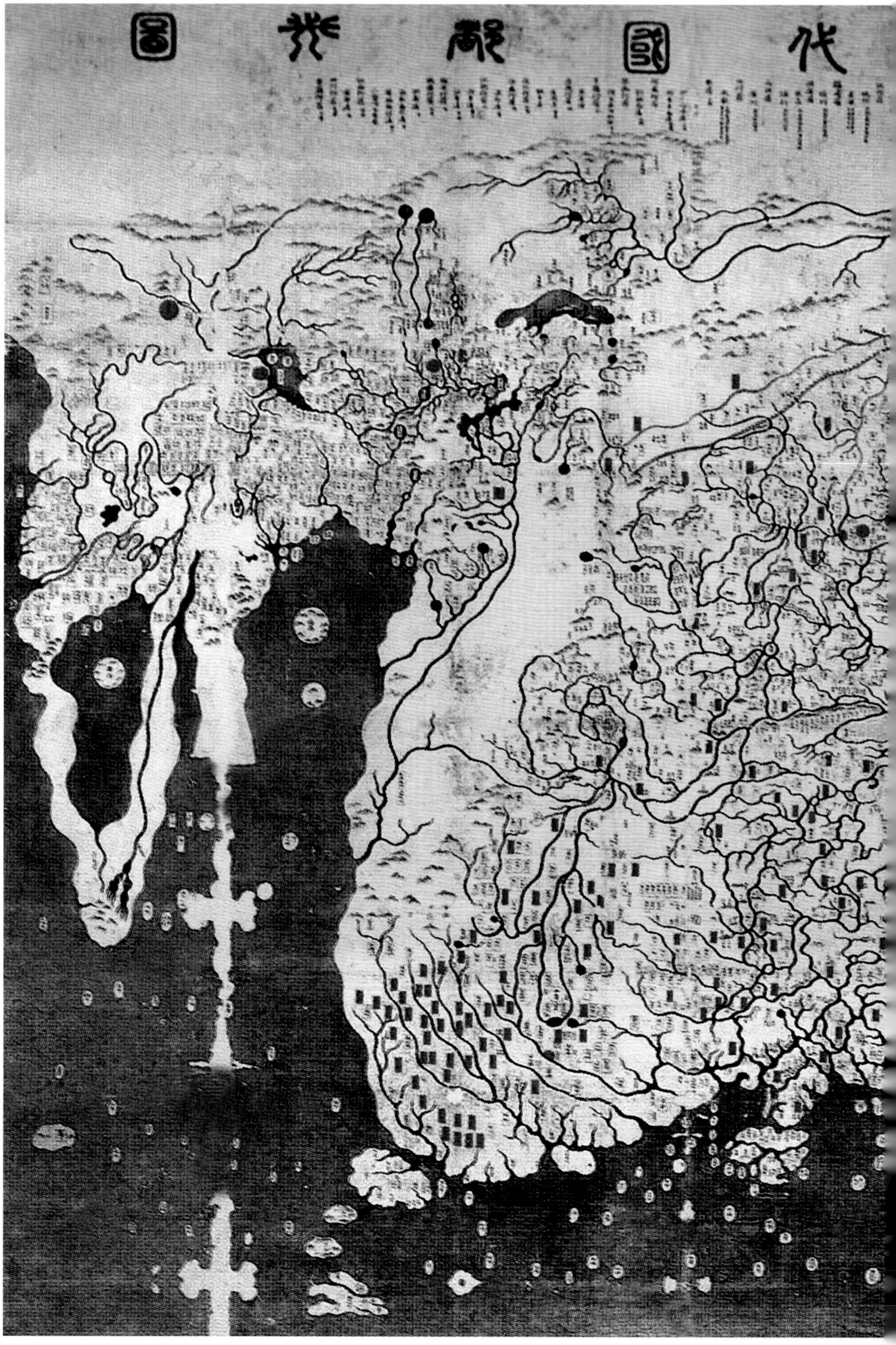

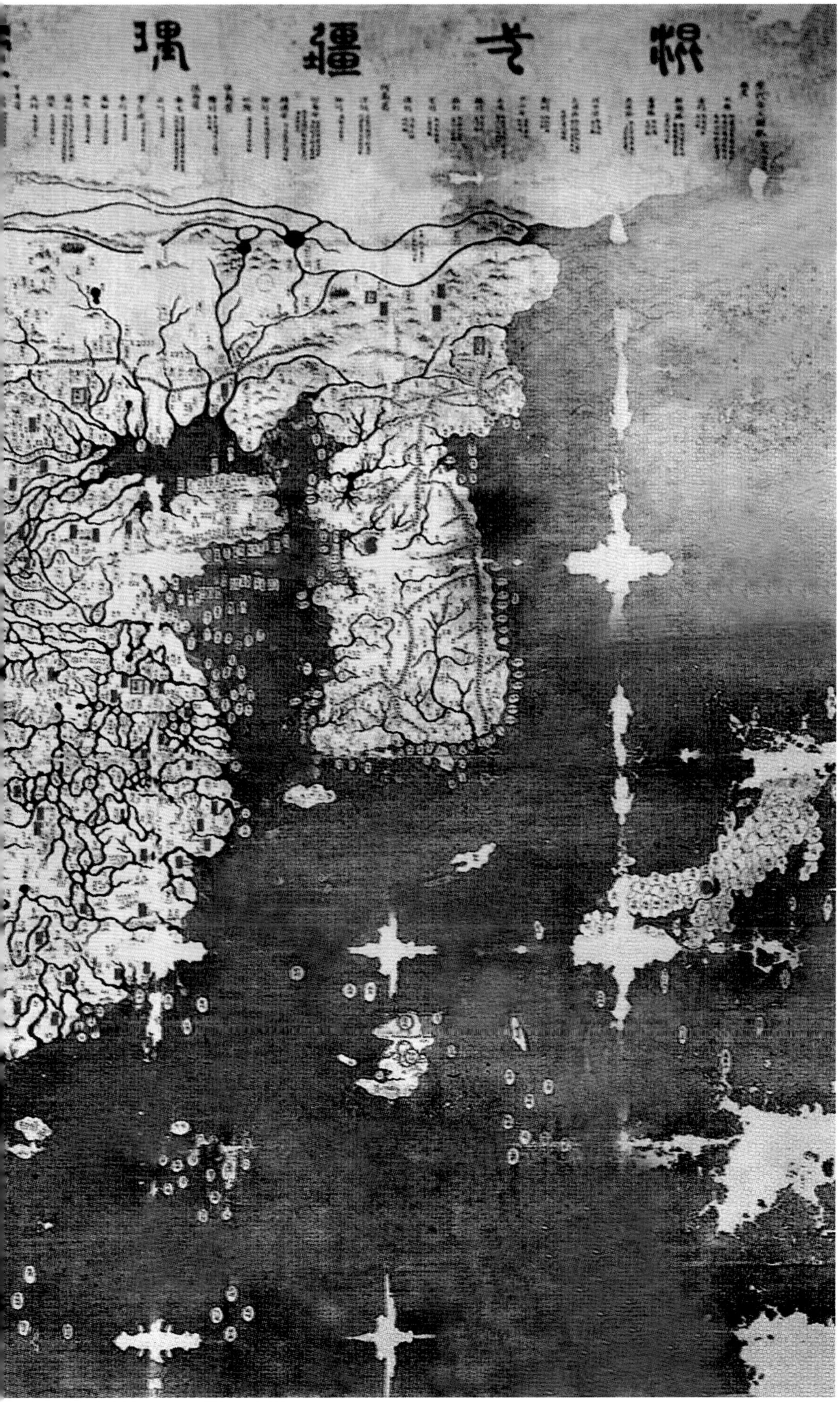

「混一疆理历代国都之图」是由两幅早期的中国地图混编而成，分别是（元代）李泽民于1330年的声教广被图和清浚1370年的混一疆理图。1402年经金氏衡和李茂初步考订。由李荟详细校对，由权近补充朝鲜和日本部分，最后在绢上绘制成宽四尺（1.30公尺）、长五尺（1.6公尺）的新图。该地图现存两份，均保存在日本。

该图绘画范围：东自朝鲜和日本列岛；东南绘出了麻逸（今菲律宾的吕宋岛）、三屿（今菲律宾的巴拉旺岛）等岛屿；西南绘有渤泥（婆罗洲）、三佛齐（今苏门答腊岛）、马八儿（今印度的马拉巴尔）等；正西绘出了三角形的非洲大陆及欧洲地区；北面已绘到大泽（今贝加尔湖）以北一线。从地图内容上看，尽管未画出元代疆域界线，而元朝各行省及所属各路、府、州等行政名称均用汉文标出，十分详细。图上所有山脉用形象符号表示，大小河流采用双曲线画出。长城如同一条飞腾的巨龙，形象逼真。海洋之水绘有波纹。尽管这幅舆图是摹绘本，也实属罕见。它不仅体现了元朝绘画舆地图的科学技术水平，更重要的是，它反映了早在欧洲人绘画的世界地图出现之前的中国元朝，中国人早已对亚洲、非洲等地有了很清楚的认识。

我国著名史学家、中国社会科学院研究员陈高华说：「现存15世纪初的「混一疆理历代国都之图」上就绘有好望角，在非洲展览时引起了轰动。因为过去大家都认为好望角是15世纪后期欧洲人发现的，但没有想到在15世纪初的时候，中国的地图上已经出现了好望角。」

The president of the Republic ofTatarstan , Russian Federation: Chinggis Khan's influence is triggered by a crustal movement

俄联邦鞑靼斯坦共和国总统明季梅尔·沙里波维奇·沙伊米耶夫：

成吉思汗的影响犹如引发了一场地壳运动

妥木斯　画　巴义尔　拍摄

成吉思汗创建了在地缘、政治、军事、历史、文化方面对欧亚大陆人民的命运产生强大影响的国家。蒙古帝国打通欧亚文明的关系，掀起了强劲的社会、政治、经济以及民族间的文化交流高潮。对这个过程的错综复杂以及它的先进性，大蒙古国的继承者金帐汗国的建立和发展本身作了充分的验证。在金帐汗国的建设和发展过程中，对于人民和国家的精神及物质文化产生的影响犹如引发了一场地壳运动。

——俄联邦鞑靼斯坦共和国总统明季梅尔·沙里波维奇·沙伊米耶夫

《大迁徒》 蒙古国策宝勒德 作

President of the Republic of Macedonia, Crvenkovski : the nomadic civilization of Mongol has a profound impact on the Asian and European countries

马其顿共和国总统茨尔文科夫斯基：

蒙古游牧文明对亚欧各国产生了极深的影响

马铁 画

蒙古游牧文明对亚洲和欧洲各国各民族产生了极深的影响，同时人们沿着这条物资交流之线，也把东西方的文明不断地吸收进来。

—— 马其顿共和国总统茨尔文科夫斯基

王延青　画

The Prime Minister of Republic of India, Mohan Singh: Chinggis Khan introduced the concept of globalization to the world

印度共和国总理曼莫汉·辛格：

成吉思汗推出了全球化概念

成吉思汗在人类历史上留下了永不可抹的辙痕。他是真正的蒙古人民的伟大儿子，统一了蒙古民族，建立了大蒙古国。同时，在辽阔无垠的帝国领土上大力发展商业和文化的交流，推出了全球化这个概念。

——印度共和国总理曼莫汉·辛格

South Korean President, Kim Dae-Jung: Although the network has not yet appeared seven hundred years ago, the Mongolian established a new order of international relations

韩国总统金大中：

网络还未出现的七百年以前蒙古人建立了国际关系新秩序

由于有了蒙古人，人类才第一次拥有了世界史，而蒙古人倔强不拔、勇猛无敌的精神和机制敏捷的性格塑造出了伟大的成吉思汗，网络还未出现的七百年以前的蒙古人打通了世界各国的关系，建立了国际关系新秩序。

—— 金大中（韩国前总统）

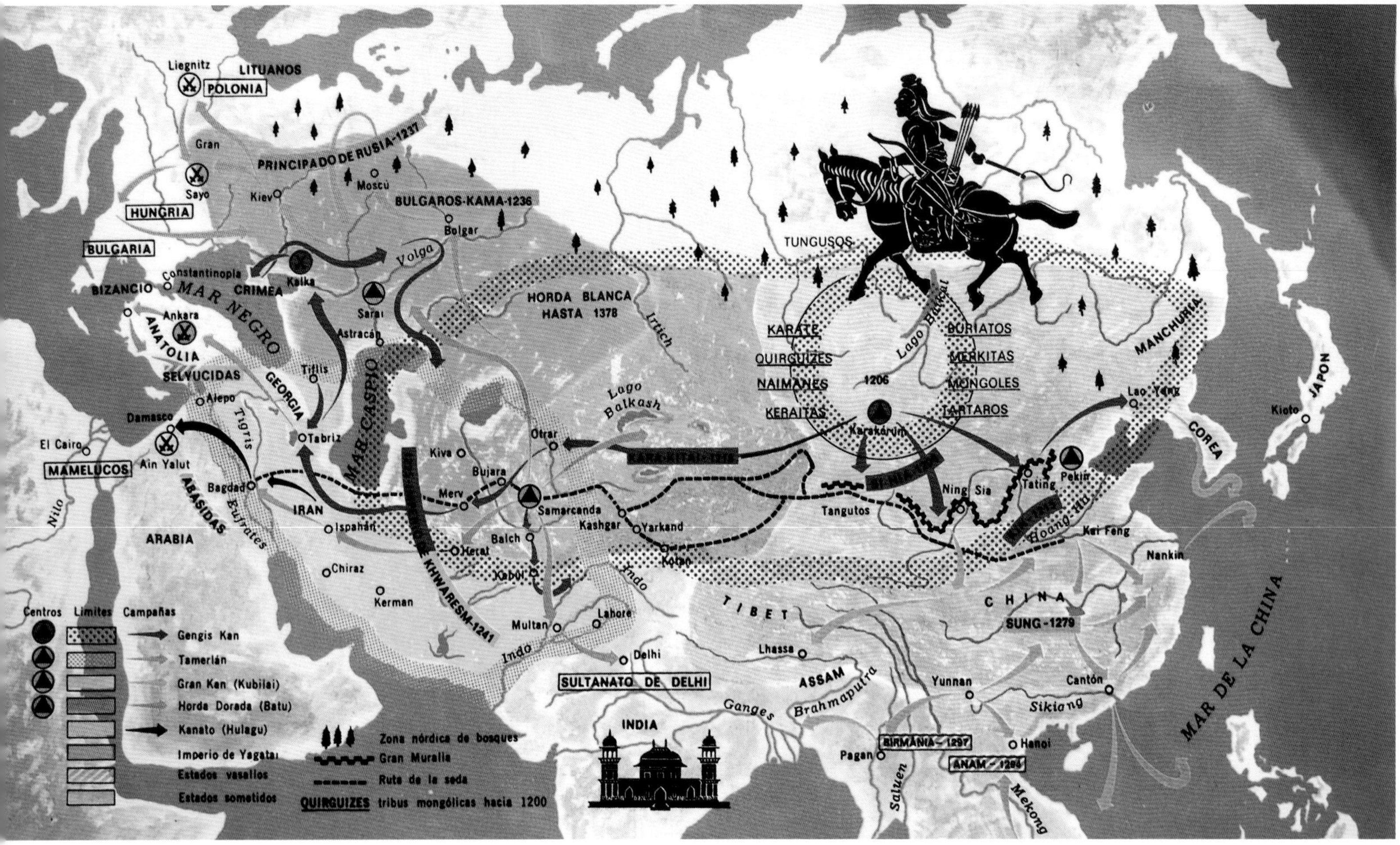

英文版蒙古帝国版图　图片来自韩国

President of the Republic of Poland, LechKaczynski : Mongol Empire promoted the vigorous international exchange

波兰共和国总统莱赫·卡钦斯基：蒙古帝国促进了各国间交流的蓬勃发展

蒙古国的诞生与成吉思汗所创建的蒙古帝国具有密切的关系。成吉思汗的军事才能只是他创造辉煌业绩的一部分。中世纪蒙古人开创的欧亚之间的来往关系，不仅为丰富交通沿线的基础设施起到了重要作用，尤为重要的是促进了交通沿线各国间交流的蓬勃发展。

——波兰共和国总统莱赫·卡钦斯基

This was the most extensive and open handshake between the human beings

这是人类最广大而开放的一次握手

成吉思汗在黄金帐篷里下令用石块覆盖阵地上飞扬的尘土 14世纪的波斯画 拉拉 画

“虽然成吉思汗从未接受过物质文明的熏染，竟能为50多个民族建立了切实可行的法制典章，维持大半个世界的和平与秩序”；“信使可以纵横50个经度，一个少女怀揣一袋金子，可以安心遨游这个广大的帝国”。使得东西交流为之畅通、欧亚文化为之交流，“这是人类最广大而开放的一次握手”。

——哈罗德·兰姆

（美国传记名家、《人类的帝王——成吉思汗传》的作者）

从日出的地方，到日落的地方，一切商贸交通畅行无阻

图片来自英国

Restored the relationship that interrupted for four centuries

恢复了中断四个世纪的关系

成吉思汗征服世界的结果，将中断四个世纪的欧洲和中国的关系得以恢复。
——赫德孙（英国著名学者、《欧洲与中国》作者）

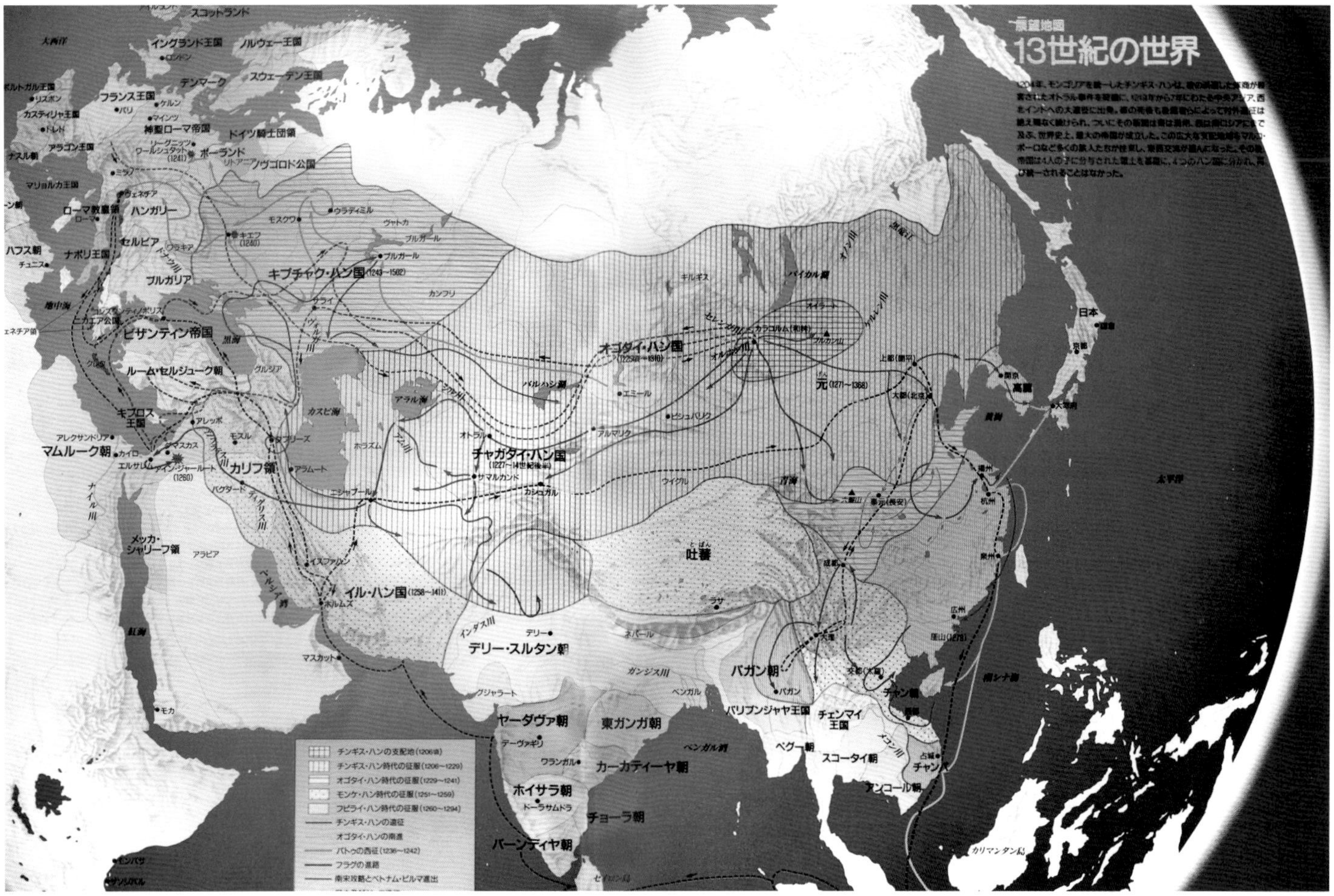

日本学者绘制的蒙古帝国版图

Chinggis Khan changed the map of the world

成吉思汗改变了世界地图

成吉思汗改变了世界地图，当时的欧亚两洲是由无数封建小国组成的，成吉思汗把它们统一成类似于今天我们在地图上看到的国家地形。

——捷克·法萨切伏德（美国）

行军中的蒙古战士

许多国家均效仿过成吉思汗的战略战术

Many countries followed Chinggis Khan's strategy and tactics

成吉思汗的战略战术为后世的许多国家所效仿，仅日本、苏联、德国人所著的有关成吉思汗纯战略战术研究的著作就有数百部，德国曾在第一次世界大战时期把研究成吉思汗战略战术的专著发给每个军官人手一册。虽然有些著作和论文，由于民族的成见，对成吉思汗骂得很凶，但学得很认真。俄国将军们也承认他们将蒙古军兵制沿用到彼得大帝。在第二次世界大战中苏联哥萨克骑兵运用“拉瓦战术”，打了许多胜仗。

Until now, Chinggis Khan still has an impact on the world development

直到现在，仍对世界历史的进程产生影响

14世纪波斯画

蒙古的侵略“促进了欧亚大陆间的相互影响”，“由这种相互影响提供的机会，又被正在欧洲形成的新文明所充分利用。这一点具有深远的意义，直到现在，仍对世界历史的进程产生影响”，对整个世界来讲，他去世以后的影响远比生前更大。

——1970年出版的《全球通史（1500年以前的世界）》

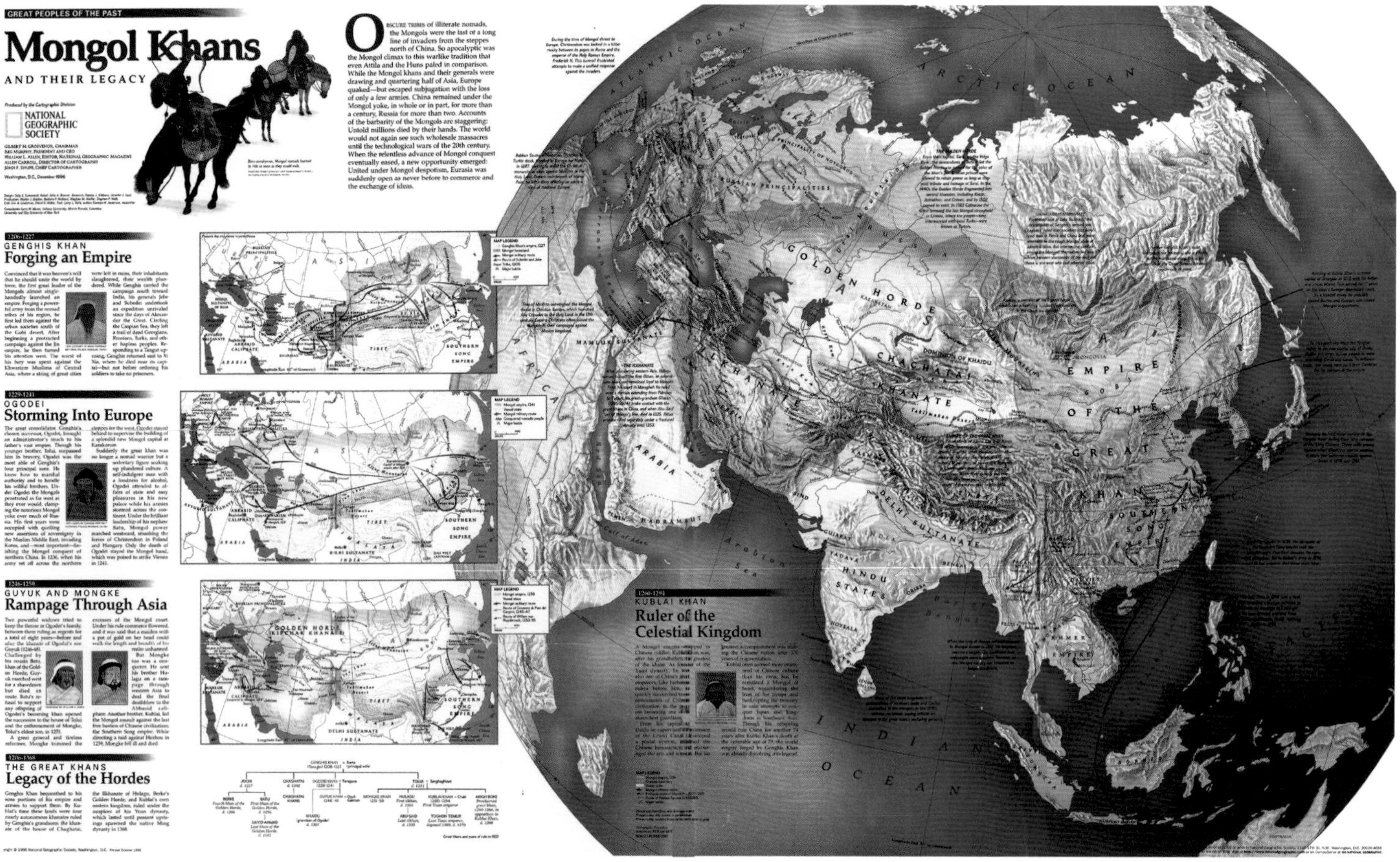

图片来自英文版《蒙古帝国的变迁》

President of Russian Federation,Vladimir Putin：Chinggis Khan had a significant impact on the world history

俄罗斯联邦总统弗拉基米尔·普京：

成吉思汗对世界历史进程产生了重大影响

Chinggis Khan speeded up the history process

他（成吉思汗）的出现加速了世界历史的进程

思沁 作

成吉思汗的确是他所处时代的骄子，他的出现与蒙古游牧民族社会的重大变革时代是非常巧合的。像他这种能力非凡人的出现或许加速了世界历史的进程。

——〇·拉铁木尔

（美国著名历史学家）

哈喇和林　古代联合国总部

The real leap in the history of Mongol was the beginning of the thirteenth century

蒙古民族历史上的真正飞跃是发生在13世纪初期

不错，元朝的大统一局面是由忽必烈完成的。但是若当初没有成吉思汗这位创始人，那么后世忽必烈的“至元盛事”根本不可能实现。由成吉思汗征服战争而引起的伟大历史变迁的长期运动，却换得了长久的统一，而他本人也从蒙古民族的“可汗”上升为中国王朝的皇帝——元太祖。

——贾敬颜（著名元史学家）

成吉思汗及其继承者对中国历史的发展发挥了巨大作用

Chinggis Khan and his successors have played a great role in the development of Chinese history

成吉思汗在宫廷　　图片来自波斯文《史集》

元朝百年统治后，600 多年来，蒙古族与其他各民族的联系加深了。从文化上、经济上、政治上、法制上互相渗透，各民族人民共同提高了中华民族文化科学和经济发展水平。元朝时期中华民族大家庭的进一步巩固和发展，是中国 700 多年来维持统一局面的重要原因。

—— 邱树森（著名元史学家）

畏兀儿回归蒙古，成吉思汗将女儿许配给畏兀儿王

图片来自王延青主创《蒙古油画长卷》

In1211, Xinjiang belongs to the Chinggis Khan's Empire

1211年新疆各地归属成吉思汗帝国

畏兀儿王亦都护闻太祖兴朔方，遂杀契丹（西辽）所置监国等官，欲来归附，顺征服者的皇帝成吉思汗。还请求做成吉思汗“第五个儿子”。成吉思汗深感其诚，答应把阿勒屯公主许配给他，并且承认他作为第五个儿子。亦都护遵照成吉思汗旨意，1211年春将畏兀儿正式归降于蒙古国。

——樊保良（兰州大学教授）

图片来自土耳其文《成吉思汗》，安卡拉出版社，1989年

土耳其画

The Turks always regarded Chinggis Khan as the supreme ruler of the Turkic people

土耳其人一直把成吉思汗视为突厥人的最高统治者

当成吉思汗将土耳其归属于自己的管辖范围之后，不但没有歧视排挤突厥人，反而一视同仁，给予了平等的权利，所以土耳其人一直把成吉思汗视为突厥人的最高统治者。

—— 爱赫麦特·铁木尔

（土耳其著名蒙古学家）

Expansion of Russian territory after 14th century is also the heritage from Chinggis Khan and his descendent

俄罗斯的当年开拓，乃是成吉思汗及其继承人留下的一笔遗产

14 世纪至 16 世纪莫斯科公国的建立以及此后俄罗斯帝国疆域的扩展，都取决于作为对手的两大民族——俄罗斯民族和草原民族之间的“良性互动”。这是成吉思汗及其继承人留下的一笔遗产。

——列·尼·古米廖夫（苏联著名蒙古学家）

（蒙古国）伊达木苏荣　画

该画像原载罗伯特·瓦拉西著《人类伟大时代》丛书的《俄罗斯的诞生》一书中。

原说明为：无情的战士成吉思汗派他的战无不胜的大军，由中亚出发，于 1223 年摧毁了俄罗斯的一支军队，一方面他征服世界，另一方面将知识、和平和忠诚带过去，打开了俄罗斯的大门。

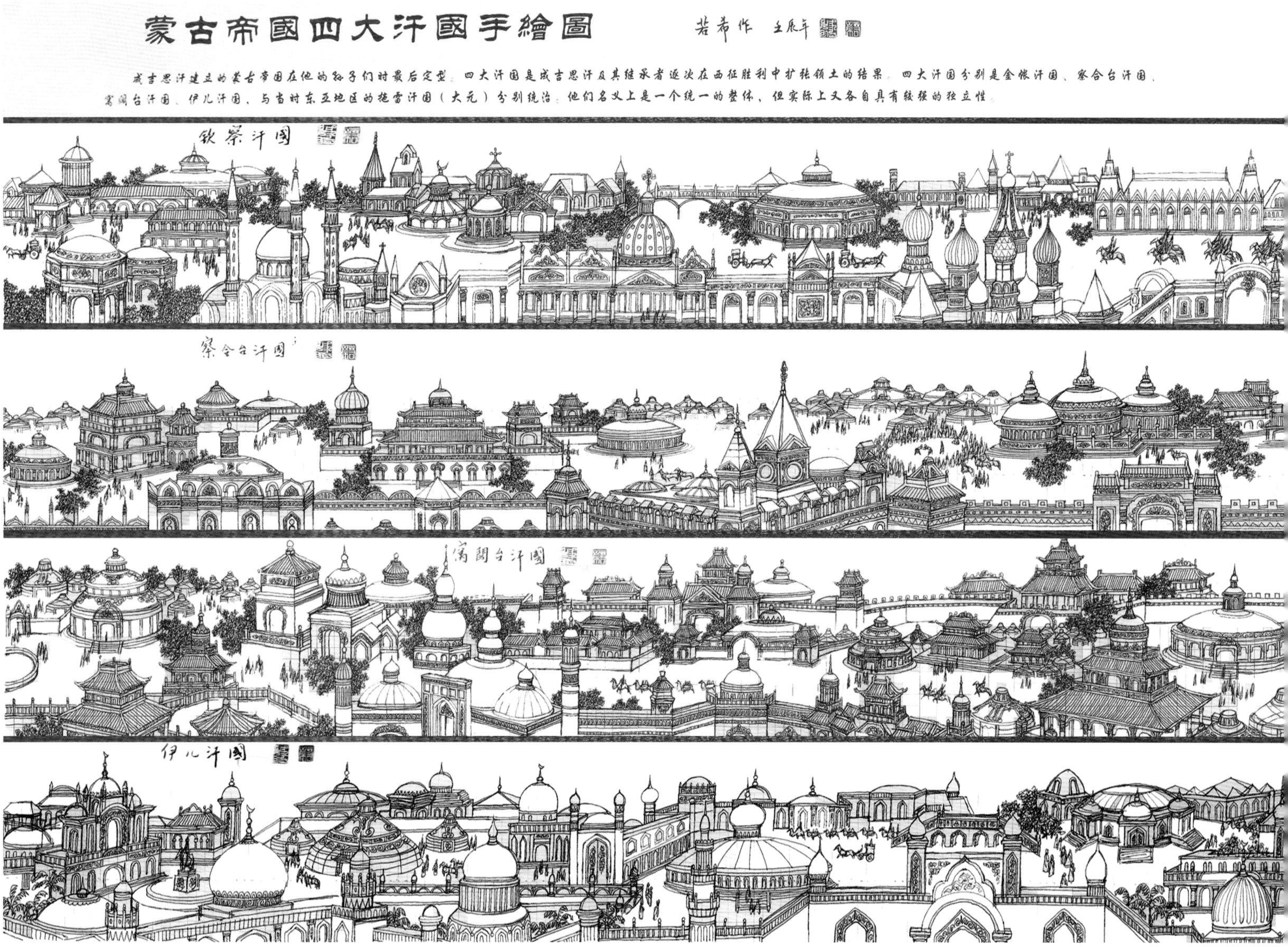

蒙古帝國四大汗國手繪圖
若希作 壬辰年
成吉思汗建立的蒙古帝国在他的孙子们时最后定型。四大汗国是成吉思汗及其继承者逐次在西征胜利中扩张领土的结果。四大汗国分别是金帐汗国、察合台汗国、窝阔台汗国、伊儿汗国、与当时东亚地区的拖雷汗国（大元）分别统治。他们名义上是一个统一的整体，但实际上又各自具有较强的独立性。
钦察汗國
察合台汗国
窝阔台汗国
伊儿汗国

若希创作

蒙古帝国四大汗国手绘图，反映了四大汗国的繁荣景象和形象各异的建筑风格。成吉思汗建立的蒙古帝国，到了他的子孙们时代才最后定型。四大汗国是成吉思汗及其继承者在逐次西征胜利中扩张领土的结果。四大汗国包括金帐汗国（钦察汗国）、察合台汗国、窝阔台汗国、伊儿汗国，与当时东亚地区的托雷汗国分别统治。他们名义上是一个统一的整体，但实际上又各自具有极强的独立性。

Professor Liu Ying sheng: The Mongolian Conquest in the Western Started the Prelude to the Globalization

刘迎胜教授：蒙古西征拉开了人类全球化的序幕

南京大学历史学院民族与边疆研究中心主任刘迎胜教授发表了题为《草原帝国——追寻成吉思汗的地理足迹》的论文，认为蒙古西征打破各民族疆界的限制，拓展了欧亚大陆的东西交通往来，是人类全球化的序幕。

—— 摘自《蒙元史考论》，兰州大学出版社，2014 年

300 米长卷 —— 青海省黄河南蒙古历史唐卡

As a part of China, Tibet, a part of Chinese territory from ancient times, has been formally incorporated into the administrative jurisdiction of the central government since thirteenth century

西藏自古就是中国的一部分，从 13 世纪开始正式纳入中央政府的行政管辖

西藏自古就是中国的一部分，从 13 世纪开始正式纳入中央政府的行政管辖。凉州会谈直接导致后来元代中央在西藏地方建立行政体制，奠定西藏地方直辖于中央的基础。元代在吐蕃等地建立的行政体系，虽然具有不同于内地的特点，但还是在中央直接管理之下的全国行政制度的一个组成部分。

—— 中央民族大学教授王辅仁

成吉思：大海之皇帝木雕 收藏于意大利法尔玛博物馆

Chinggis Khan laid the foundation for today's world. No Chinggis Khan's Mongol Empire, no world history.

成吉思汗为当今世界打下了基础，没有成吉思汗的蒙古帝国就谈不上世界历史

Jacques Chirac, the president of the French: Chinggis Khan laid the long-lasting foundation for the formation of Mongolian nationality

法兰西共和国前总统希拉克：成吉思汗为蒙古民族的形成奠定了永恒的基础

成吉思汗在宫廷听音乐　波斯细密画

著名东方学者、法国学者伯希和称成吉思汗征服时代为“史无前例的奇迹”。我们还没有来得及充分研究曾震撼世界的这位征服者有多高的文化水平、高瞻远瞩的才干和洞察时代的观察力。不过他（成吉思汗）重新整合了部落体系，开创了民族间和睦相处的时代，为蒙古民族的形成奠定永恒的基础。他在保证了古代丝绸之路的安全，创建和平时代的同时，为商贸、精神和文化艺术交流的发展提供了良好的条件。成吉思汗留给后人的一个重要遗产是建立了“蒙古—平安秩序”，学者们认为这种秩序已成为多个世纪以来促进欧亚关系发展的重要因素。

分别在德国波恩和奥地利维也纳展出的成吉思汗画像

该图片由齐木德道尔吉教授提供

German Bonn Exhibition: Chinggis Khan is the ancestor of "globalization"

德国波恩展览：成吉思汗乃「全球化」始祖

长期以来，成吉思汗的历史形象总是跳跃在神乎其神的民间传说中，“只识弯弓射大雕”的一代天骄总是令人联想到残暴凶悍 、茹毛饮血的蛮夷首领。2005 年 6 月 16 日至 9 月 25 日，波恩联邦艺术展览馆全面展示“成吉思汗及其遗产”，规模之大，范围之广，尚属国际首次。这次展览，用事实彻底颠覆了人们对成吉思汗的误解，证明了成吉思汗是“全球化”的始祖。

—— 德国之声 2005-06-17

"Huhe Mongolia" arouses the feelings of nomads' glory

「呼和」蒙古，唤起了游牧民的光荣感

达兰泰（蒙古国）画　朝格都那仁藏

1206年成吉思汗建立大蒙古国登基时，作了这样的宣言：所有的臣民取名为“呼和”蒙古。“呼和”蒙古的由来为伟大的成吉思汗，他在游牧民的心里，唤起了新的感情，让他们感觉到了当一个蒙古国民的光荣。不管是什么样的蒙古人，决不会成为奴隶和仆人了。在他们来说，只有一个义务，即手拿武器为国效劳。生活在蒙古包里的全民族，确信自己已经进入了成吉思汗臣民的行列里。

——布鲁丁（法国著名历史学家、《大统帅成吉思汗兵略》的作者）

成吉思汗在宫中听讲故事 图片来自波斯文《史集》

The distribution and power of the world's major religions have changed. Literally restructured theinfluence of three major religions : Christianity, Islam and Buddhism

蒙古帝国的征服，使世界主要宗教的分布和力量发生了变化，从根本上重组了基督教、伊斯兰教以及佛教这三大宗教的影响力

《泰晤士世界历史地图集》的主编巴勒克拉夫说：蒙古帝国“征服的规模无与伦比。这是文明社会所经受的最后一次，也是最激烈的游牧民族的野蛮攻击，可以说永远改变了其种族特性，世界主要宗教的分布和力量也发生了变化。”美国著名学者罗伯特·马歇尔也说：这次征服，在改变了众多民族的文化个性的同时，从根本上重组了基督教、伊斯兰教以及佛教这三大宗教的影响力。”

成吉思汗与莫卧儿帝国　　莫卧儿时期画　　由印度尼赫鲁大学教授纳贾夫提供

蒙古人后裔建立的莫卧儿帝国是蒙古帝国在南亚次大陆的继续，是成吉思汗建立的蒙古帝国在经过上百年跨越欧亚大陆的征战之后，将蒙古民族的活力以另一种形式为世界留下的新的文明。

英文版「蒙古帝国」版图

The real world system has been formed from the Mongol Empire

杉山正明（日本）：从蒙古帝国开始，经过三个或四个阶段，可以说如今正在形成真正的「世界体系」

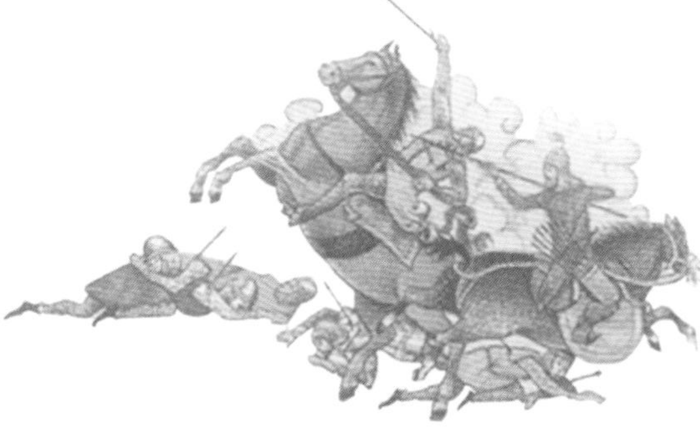

杉山正明（日本京都大学大学院文学研究科教授，专治蒙元史、中亚史，著有《疾驰的草原征服者》《蒙古帝国的兴亡》《忽必烈的挑战》等历史专著十余部。）

Research on Chinggis Khan has become a worldwide subject

成吉思汗研究已成为一门世界性学科

当今世界上有60多个国家和地区组织专人对成吉思汗军事、战史、兵法和思想进行专题研究。成吉思汗研究已成为一门世界性、多民族性、多元性的学科。

——朱清泽（我国著名军事思想研究学家）

孟坤 设计制作

历史上的著名战争 匈牙利格拉夫-阿特（Graph-Art）

蒙古人点燃了欧洲文艺复兴的圣火

Mongolian people lit the torch of European Renaissance

从某种程度上说，正是蒙古人的征服，首先点燃了欧洲文艺复兴的圣火。与以往游牧民族对农耕文明的冲击不同，蒙古帝国不是采取民族大迁徙式的征服，而是以蒙古高原为基地向外扩展疆土。因而，蒙古统治者十分重视梳理、连接被征服地区的通道，以确立行之有效的统治。在此之前，中国、波斯、欧洲之间的交流是少量、偶然、缓慢的。而蒙古人却以游牧的军队和开放的思想意识，打破了距离和国界、封闭的城墙和堡垒。

横越欧亚大陆的道路，第一次由一个政权所控制，长途旅行变得安全可靠。在中断了1000年之后，欧洲人又能踏入中东和东亚。由此，东西方贸易呈现了前所未有的繁荣。

蒙古人自己没有什么生产技术，但是却将所有被征服地区的文明和技术综合在一起，产生了更大的效益。在他们的推动下，中国有了德国的矿工、俄罗斯的士兵、法国的工匠、波斯的胡萝卜和柠檬；波斯有了中国的工程师、水稻和以按指印为凭证的习惯；而欧洲拥有了中国的面条、纸牌和茶叶。

宗教和统治者的地位被彻底动摇，人文主义随之觉醒。正是这一时期，薄伽丘创作了欧洲人文主义文学的第一部代表作——《十日谈》。在意大利小城帕多瓦的教堂中，文艺复兴的先驱们第一次将人类的情感，转移在宗教壁画中。而基督的圣袍上点缀的，正是蒙古人创造的“八思巴文”。

因此，有学者断言：欧洲首先是在“复兴”蒙古和由蒙古人带来的中国艺术，然后才是欧洲本身的古希腊和古罗马的艺术。而所谓“资产阶级萌芽”推动的文艺复兴，更是在这之后的事情了。更重要的是，欧洲文艺复兴离不开印刷术、指南针，尤其是火药的传播。而这一切，无疑都仰仗横扫天下的蒙古铁骑！

——（本文节选自畅销书《走向海洋》，作者 刘军卫）

3

心中的偶像——成吉思汗传奇一生，成为世界关注的焦点

Icon in heart —— Legend life of Chinggis Khan, focus of the world

他生于草原，长于草原，草原文化塑造了他坚强刚毅的性格；他东征西讨，南征北伐，在辽阔的亚欧大陆上留下了他深深的足迹，他创建的伟业直到今天还在被人们传颂。悠悠七百多年，圣灯不息，蒙古民族恪守不渝，创造出人类祭祀史上的奇迹。

He was born and raised up in prairie, and the culture of prairie shaped his character of fortitude and perseverance. He conquered the world in all directions and his footprint could be traced in the broad Eurasia. For more than seven hundred years, Mongolian people adhere faithfully to the holy light of Genghis Khan' s spirit, and hence created miracles in human history of sacrifice.

目录

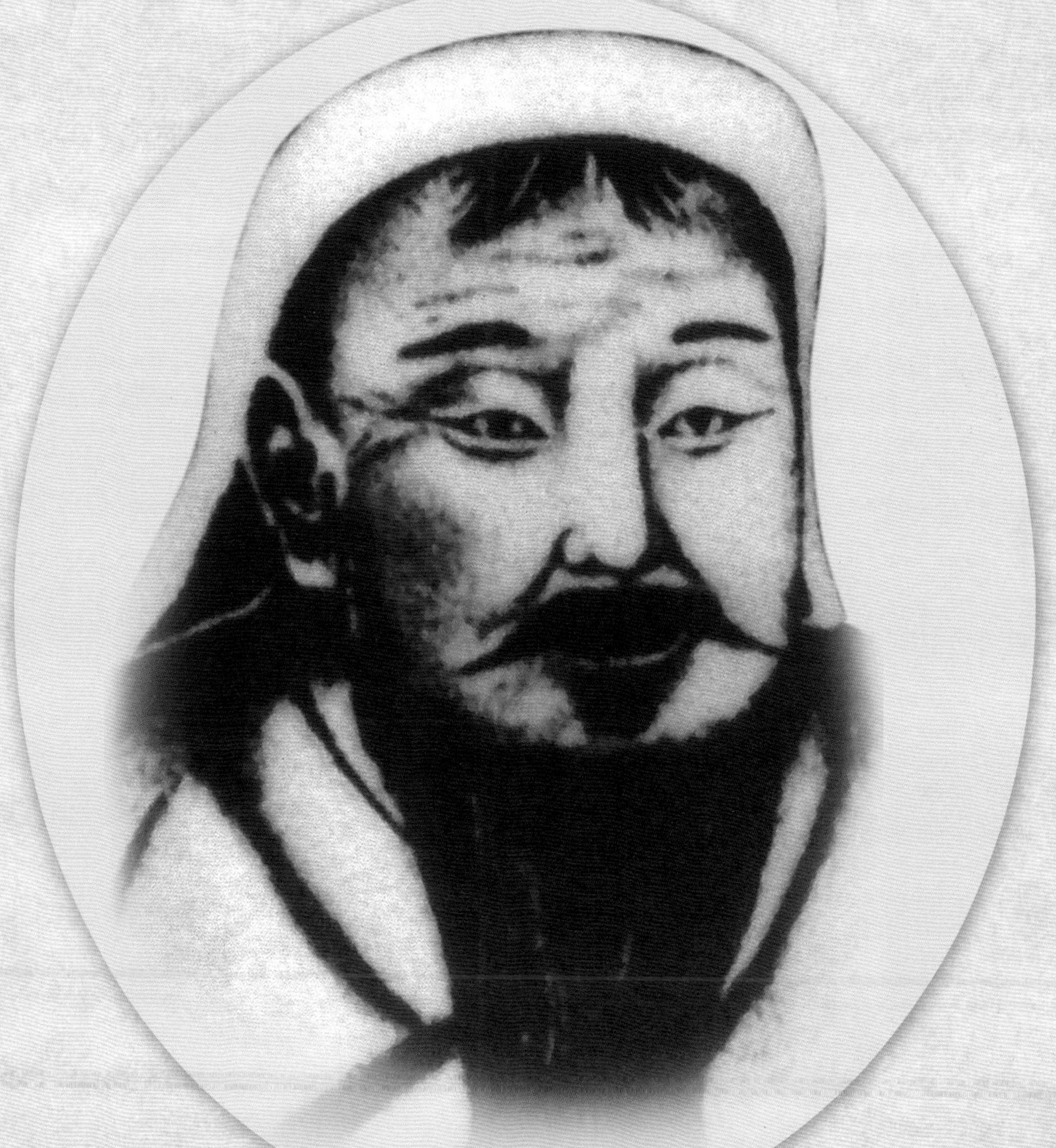

ᠴᠢᠩᠭᠢᠰ ᠬᠠᠭᠠᠨ ᠤ ᠬᠥᠷᠥᠭ

成吉思汗画像

Portrait of Chinggis Khan

现收藏于伦敦大英博物馆　由德宝林提供

我们想象您的
We imagine your counte

——世界各国画家笔下的成吉思汗

—— Genghis khan's Portraits come from all of the world

In our imaginatio — The image of Chinggis Khan depicted by the artists from all around the world.

我们想象您的尊容——

世界各国画家笔下的成吉思汗形象

这是来自世界40多个国家约200位画家描绘的精彩绝伦、千姿百态、形象各异的成吉思汗画像。这些图片艺术表现形式独特、新颖而多元，通过绘画语言深刻反映了不同文化背景下各国画家的认知态度和艺术语言。可以说每幅作品均是珍贵而罕见的艺术品。尽管时代不同、风格不同，但件件主题鲜明，反映了世界的认知态度；内容丰富多彩，其背后蕴涵着很多传奇而生动的故事，具有很强的视觉冲击力。

图片来自“世界各国画家笔下的成吉思汗”　　王徐丽　制作

世界上受祭祀最多的帝王

The most worshipped Emperor in the world

成吉思汗是最具有“超凡力量的人”，七个多世纪以来，成吉思汗祭祀已成为全民族的祭奠。像成吉思汗祭奠这样，能够在如此漫长的岁月，保持原有定例而不稍改，这在世界历史上是罕见的。

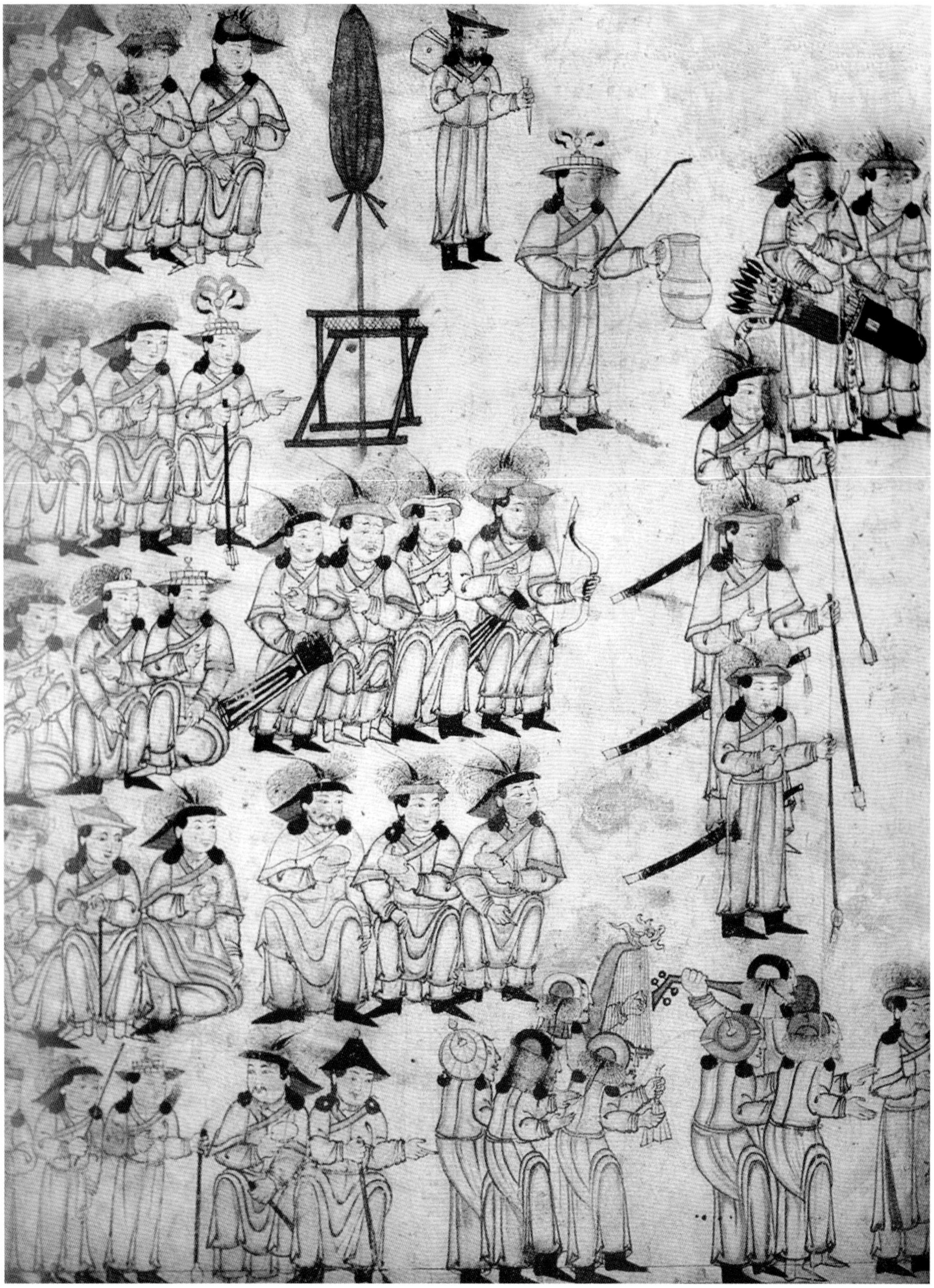

黄金家族祭祀图

图片来自《史集》，现收藏于柏林国家图书馆。该图描绘了黄金家族祭祀真实场景：随着主祭祀唱起供奉祖先和长生天颂赞歌，祭祀乐队中龙头箜篌、琵琶、响板奏起，在高亢的旋律中，贵族亲勋们击掌、唱念颂赞词，击打弓弦唱着，抛洒白乳，敲击铁棒的节律和织金锦包裹着圣洁的苏勒德，印证了黄金家族祭祀传统的格调和尊严。

特古力德尔（蒙古国）画

长生天的儿子

The son of Mongke Tengri

成吉思汗的根祖，是奉天命而生的孛儿帖·赤那和他的妻子豁埃·马阑勒，渡过腾汲思湖，来到斡难河源头的不儿罕·合勒敦山扎营住下，生有一个儿子叫巴塔赤罕……后繁衍生息。

——《蒙古秘史》开头语

成吉思汗信仰“腾格里”，即“长生天”。

1206年蒙古帝国的建立，乃至铁木真获得“成吉思汗”的封号都与诸萨满（注：蒙古语称“博额”）的强力拥戴分不开。成吉思汗更是将“腾格里”即“长生天”视为自己至高无上的保护神，每作出重大决策之前都要对长生天虔诚祈祷。根据13世纪波斯历史学家志费尼所著《世界征服者史》记载，成吉思汗在出征乃蛮部之前，曾“独自登上一个山头，脱去帽子，以脸朝地，祈祷了三天三夜，说：‘我非这场灾祸的挑起者，赐我力量去复仇吧。’于是他下山来，策划行动，准备战争。”另一个波斯历史学家拉施特在其所著《史集》中也记载：“当成吉思汗开始出征乞台国（注：乞台国即中国北方的金国），攻打阿勒坛汗时，他独自一人照着自己的习惯，登上山顶，解下腰带挂在颈上，并解开长袍的扣子，跪着说道：‘永恒的主啊，你知道和看到，阿勒坛汗是刮起战乱的风，他挑起了战乱。他无辜地杀死了被塔塔儿部抓住送到他那里去的我的父亲祖父辈的年长的族人斡勒·巴儿合黑和俺巴孩·合罕，我要取他们的血，为祖父辈报仇。如果你认为我的想法是正确的，请从天上佑助我，命令天使、众人、善恶天魔从天上佑助我！’他极其恭顺地作了这次祈祷，接着便上马出发了。”

心中的圣地——不儿罕·合勒敦山

The sacred place —— Great Burkhan Khaldun Mountain

成吉思汗说：巍峨的不儿罕·合勒敦山啊，你保护了我像虱子般微不足道的生命，我实在惊恐不已。从此，我每天早晨向你祈祷，每天祭祀你。子子孙孙永志不忘！（小林高四郎：《成吉思汗》，内蒙古人民出版社，1982 年）

不儿罕·合勒敦山，既是成吉思汗的出生地，又是他的祭拜圣地。

铁木真年轻时为躲过三姓蔑儿乞惕人的追讨，逃进不儿罕·合勒敦山三天三夜，后为了感谢圣山的救命之恩，成吉思汗经常祭拜不儿罕·合勒敦山。

不儿罕山的灵魂　哈布尔　画

Chen Gaohua,a historian in Chinese Academy of Sciences said:in the historyof China,there are no other person received much attention like Chinggis Khan

史学家、中科院院士陈高华：

在中国历史上没有第二个历史人物像成吉思汗那样，受到这么多的关注

春亮 玉雕作品

Mongolia horse is the "God" in the eyes of the Mongolian people

蒙古马是蒙古人心目中的「天神」

在漫长的历史长河中，蒙古人与马结下了不解之缘，同时马也成为蒙古人所崇拜的“天神”。一开始蒙古族先民是从自然层面上崇拜马，后来发展到社会层面。到了13世纪成吉思汗时代，马的崇拜已经发展到文化层面上。

那顺孟和　画

The Imperial Ancestral Temple in Great Capital of Yuan worshipped the Chinggis Khan as a God.

元大都太庙里供奉「成吉思皇帝」金主神位

阿尔寨石窟壁画

忽必烈建元朝后，依照庙谥制度，尊奉铁木真成吉思汗为元太祖，元大都太庙里供奉“成吉思皇帝”金主神位。成吉思汗毕生的活动，为全中国形成统一的、多民族国家奠定了基础，做出了贡献。

元代壁画 元太祖成吉思汗与夫人孛儿帖 1982年内蒙古赤峰元宝山区宁家营沙子梁发现的元墓墓室北壁壁画

Bagabandy, the former president of Mongolia:
Chinggis Khan always like Buddha in the hearts of Mongol

蒙古国前总统巴嘎班迪：
让他（成吉思汗）永远像佛一样留在蒙古人民的心中

Chinggis Khan image for Mongolian State Worship. Painted by Lama Purevbat in 2006.

格·普日布巴图（蒙古国）画

不论哪个国家和民族都有自己崇拜的人物，佛或者其他神秘力量，人们都按自己的想法去想象佛的模样，但是谁也没有真正看到佛，从而无法描绘佛的真正形象。我希望成吉思汗陵墓应按原来的样式隐藏，让他永远像佛一样留在蒙古人民的心目中。

——巴嘎班迪（蒙古国前总统）

长生天的力量

齐•撒格木德（蒙古国）画

该作品所表达的是蒙古人的宇宙观，长生天派来的使者，掌管万物之神的成吉思汗，其化身为苍茫大地和腾格里抚慰的草原，日月风云随其左右，左手托着财富和智慧的灵球，右手紧握象征至高无上的权杖。成吉思汗的神骏戴着战争与和平的黑白苏勒德分立左右，中间是万物尊崇、长生不息熊熊燃烧的圣火。马背民族承载象征着蒙古各部的族徽来朝圣。艺术家将心中的英雄成吉思汗带着自己的向往和气息展示出来。

The strength of Mongke Tengri

长生天的力量

胡德尔 画

孟根琪琪格（蒙古国） 画

Tsakhiagiin Elbegdorj, the president of Mongolia: Lord Chinggis Khan is the eternal and supreme belief of Mongol

蒙古国总统
查希亚·额勒贝格道尔吉：
圣主成吉思汗是蒙古人博大、永恒、至高无上的信仰美国人克拉维兹是黄金富翁，是寻找成吉思汗墓的探险家。从20岁起就迷上了成吉思汗。当时他在驻德美军服役，个偶然机会看到了哈罗德·兰姆的传记小说《成吉思汗·全人类的帝王》。该书以史实为依据，全面描写了英勇善战的成吉思汗的一生。从此就开始搜集与成吉思汗和元朝有关的书籍，到2006年已经收集到600多部，自称是世界上最了解成吉思汗的人。

成吉思汗　楚勒特木（蒙古国）画

An American millionaire worships Chinggis Khan crazily

美国一位黄金富翁疯狂推崇成吉思汗

美国有一位富翁在年轻时看过一本美国人写的传记《成吉思汗：全人类的帝王》后，开始疯狂崇拜成吉思汗，不断搜集有关成吉思汗的书籍及实物，40多年来共搜集了600余种有关书籍，在接受记者采访时，他激动地说："成吉思汗，我最了解你！"这位美国人名叫克拉维兹，是美国黄金富翁，60多岁后不再满足于从书本上了解成吉思汗，想到蒙古国探险，前后用五六年的时间自费考察了尚不为人所知的成吉思汗墓。

Japanese have a high regard of Chinggis Khan

在日本，成吉思汗享有极高的评价

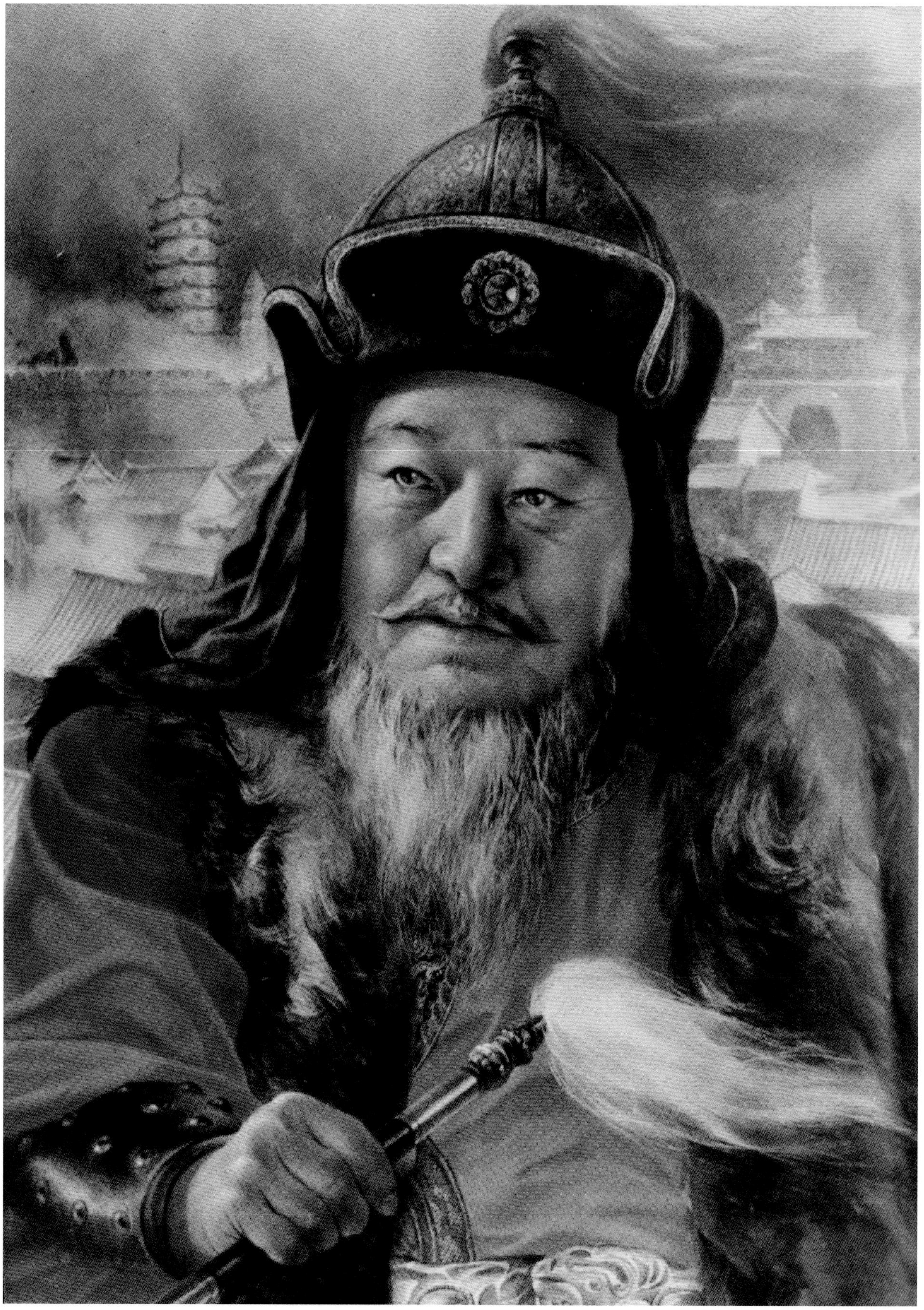

在日本，成吉思汗作为一个举世无双的英雄，享有极高的评价。成吉思汗虽然出生在文化落后的蒙古游牧民族，但他却能把许多高度文明民族纳入他的统治之下。蒙古帝国的建立，促进了东西交通，使东西物资、知识文化得以交流，这是值得我们大书特书的事。

——胜藤猛（日本著名史学家、大阪外国语大学教授）

Georgi Belvanov, the president of the Republic of Bulgaria: more and more people respected Chinggis Khan as a God

保加利亚共和国总统格奥尔基•伯尔瓦诺夫：成吉思汗已被越来越多人推崇为神的形象

13世纪的蒙古人

中国画

成吉思汗不仅创建了大蒙古国，更重要的是为巩固和发展政体制度，制订了一系列法律法规，并创造了自己的蒙古文字。随着时间的推移，成吉思汗已成为越来越多人推崇的神的形象。

——保加利亚共和国总统
格奥尔基·伯尔瓦诺夫

Larry Allison (CEO of Oracle Corp.) said: Chinggis Khan is definitely an outstanding general

世界首富拉里·埃里森（甲骨文公司CEO）：成吉思汗绝对是位杰出的将军

Jurchen Dynasty
Goryeo
Japan
Arab Tribes
THE HUNT FOR GENGHIS KHAN'S TOMB

图片来自美国杂志

拉里·埃里森说：只有别人都失败才是真正的成功。他（成吉思汗）是蒙古文盲，但绝对是位杰出的将军。

——摘自《成吉思汗》，（法）勒内·格鲁塞著，陕西师范大学出版社，2009年　　说明：拉里·埃里森（Larry Ellison 1944年8月出生于美国纽约布朗克斯），俄罗斯移民的美国犹太人后裔，世界上最大的软件企业甲骨文公司（Oracle）的创始人和CEO。

Carlos Slim,the richest man in the world, is a fan of Chinggis Khan

全球首富卡洛斯·斯利姆是成吉思汗崇拜者

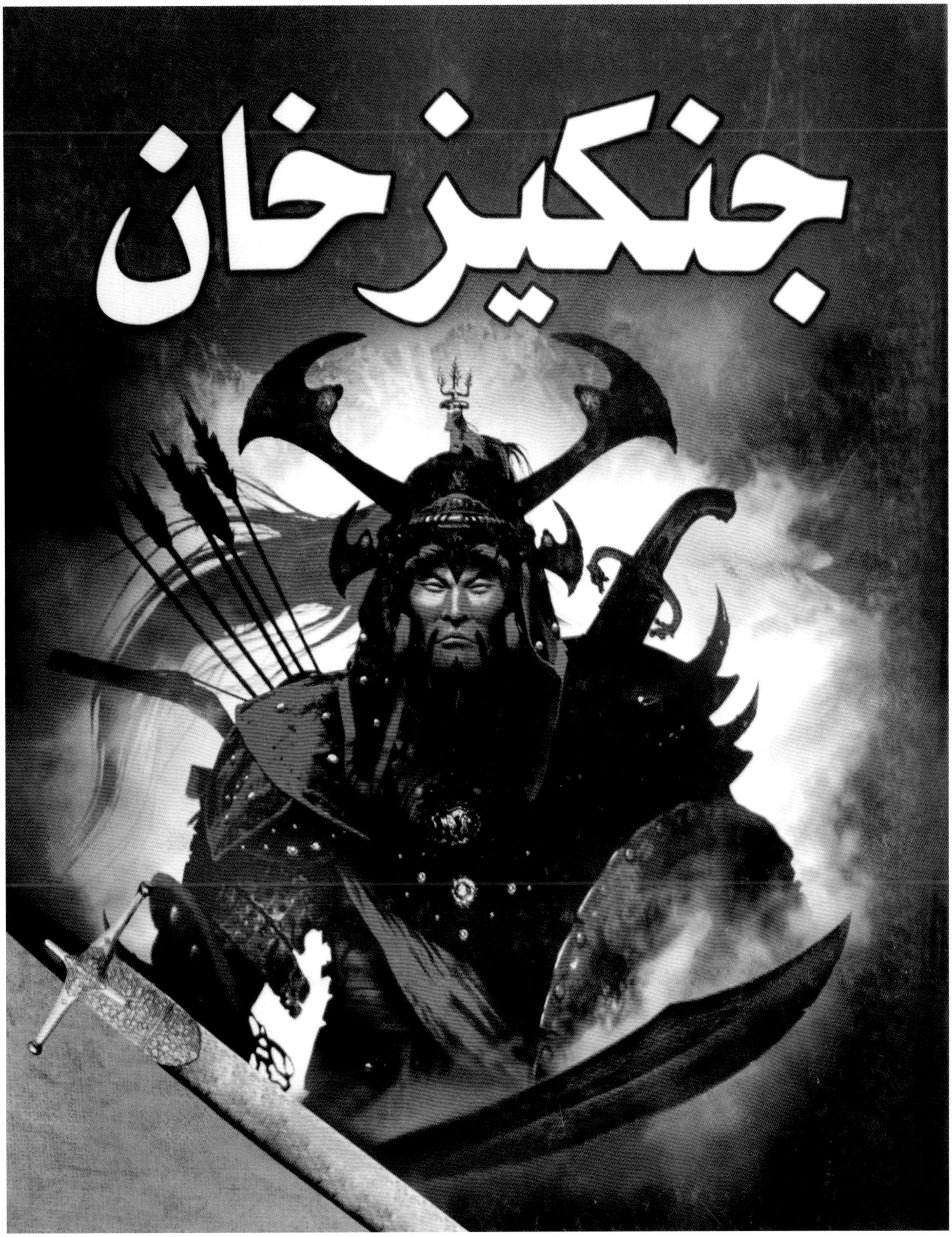

埃及《成吉思汗》 沙哈伊如海 作

全球首富卡洛斯·斯利姆·赫鲁，墨西哥电信大亨， 2011年他于71岁时以740亿美元（美国比尔·盖茨560亿美元）荣登世界首富的宝座。他是成吉思汗的粉丝，“征服世界不需要电脑”。斯利姆说，他最喜欢历史，看过成吉思汗和许多军事战略书。

记者龚含灵专访：“卡洛斯·斯利姆·赫鲁 ——理想的社会能各享所需”。摘自上海《星尚画报》2011年3月22日—3月28日

Bill Gates is also a fan of Chinggis Khan

世界首富比尔·盖茨也是成吉思汗迷

2007年博鳌亚洲论坛结束时，蒙牛乳业总裁杨文俊向比尔·盖茨赠送了一幅由草原牧民精心制作的蒙古族传统工艺品——皮画，上面手绘着曾经纵横世界的英雄成吉思汗的画像。“成吉思汗的铁甲和微软的IT技术，都曾经用自己的方式征服了世界，蒙牛也希望依靠优质的牛奶，征服全球消费者的心。”从杨文俊手中接过这份特别的礼物，比尔·盖茨的脸上露出了招牌式的大孩子般开心的笑容。

蒙古人的苏勒德崇拜

Mongolian's worship for Sulde

任志明 设计制作

在蒙古人心中，苏勒德象征战神，是旗帜，是战无不胜的象征，赐给成吉思汗神威和力量。八百年以来，对中国人和一部分被征服的人而言，苏勒德始终是穿越历史留下的令人望而生畏的灵旗。苏勒德是蒙古民族的信仰，而成吉思汗则是苏勒德信仰的奠基人。

多国发行成吉思汗金银币

Many countries issued coins with the picture of Chinggis Khan

公元 1222 年制作的成吉思汗金币

大蒙古国制作的成吉思汗金币

上海金币博物馆藏

成吉思汗金币说明：上海国家博物馆中国历代钱币馆收藏有一枚「成吉思汗金币」成吉思汗歼灭札兰丁部后率军北返。派儿子窝阔台攻打加兹尼（位于今阿富汗东部），后攻克屠城。为庆祝胜利，成吉思汗令窝阔台在加兹尼制造金、银币纪念。因为数不多，故非常罕见。因伊斯兰教禁止崇拜偶像，所以成吉思汗金币上只有阿拉伯语文字，没有图像。钱币正面中间四行字是：「汗中之汗、最伟大、最公正、成吉思汗」，圈外边缘部位文字环绕，内容为「金币于 618 年（伊历，公元 1222 年）制于加兹尼」。钱币背面是宗教颂语「除真主外别无他神 穆哈穆德是真主的使者 教主之名教主之尊位」。

中国人民银行于 1989 年发行的中国杰出历史人物金银纪念币（第 6 组）中的一枚金币选取成吉思汗造像为其背面图案，其正面图案为中华人民共和国国徽，并刊国名、年号。背景饰以战马及蒙古包，并刊成吉思汗及其生卒年份和面额。1997 年央行发行中国传统文化第二组金银纪念币一套，共 10 枚，金币和银币各 5 枚。其中金币和银币背面图案均为成吉思汗站立像。均为中华人民共和国法定货币。

2003 年蒙古国发行成吉思汗金币面值为 1000 图格里克。后来又发行面值为 500 图格里克的金币。

哈萨克斯坦国家银行发行著名历史领导人系列——成吉思汗纪念银币一枚。正面图案：右侧为一匹奔驰着的骏马，马背上为弯弓射雕的成吉思汗侧面像；左侧为镀金的哈萨克斯坦国徽。背面图案：中央为骑马出征的成吉思汗肖像，背后为浩浩荡荡的军队；上方为成吉思汗姓名及其生卒年份。

2013 年 10 月，欧洲蒙古后裔为了纪念祖先 GENGHISKHAN 成吉思汗，联合德国铸币厂铸造了一款名为 KHcoin（译为“可汗金币”）的纪念金币和银币。可汗金币为纯镀金银铸造。KHcoin 金币的正面为成吉思汗的正面像，英文写着 GENGHISKHAN，左侧则为蒙古文字“铁木真”。头像下面则是”the history of founder1162-1227 年（历史的缔造者）”背面是一只草原雄鹰翱翔在蒙古帝国版图上，仿佛蒙古图腾——草原雄鹰无时无刻的在保护并保佑着这片领土。地图上方“the spirit of mongolia”蒙古精神，顶部为面值“100”。

Chinggis Khan is truly one of the major promoters in human history

成吉思汗的确是人类历史上真正主要的推动者之一

却·白音宝力高 画

如果成吉思汗从未活在世上，那么，同13世纪蒙古大征服相关的事情不大可能出现。蒙古各部落在13世纪前从来未能统一在一起，后来也从没有再度统一过。所以，成吉思汗的确是人类历史上真正主要的推动者之一。

——摘自（美国）麦克·哈特主编《影响人类历史进程的100名人排行榜》 知识出版社 1991年

清朝人眼中的成吉思汗

Chinggis Khan in the eyes of people in Qing Dynasty

民国官修正史《新元史》作者柯劭忞说：以穷其兵力之所及，虽谓华夷之大同，肇于博尔济锦氏（孛儿只斤），可也。

《绘画元史通俗演义》（民国年间出版的）

A Japanese strategist states that Chinggis Khan's life is a dramatic art

日本军事家说：成吉思汗的一生是一个艺术，是一出戏

日本版《蒙古袭来绘词》

蒙古军曾于 1280 年袭击日本，但被暴风所挡，所以暴风被日本人成为“神风”

日本画 镰仑时代的作品

Paul Graham, Silicon Valley entrepreneurial Godfather: I succeed because I complied with Chinggis Khan's five words.

硅谷创业教父保罗•格雷厄姆（ Paul Graham ）：

我的成功只是遵从了成吉思汗的五句话

德文版《成吉思汗》

保罗•格雷厄姆（Paul Graham）被称为撼动硅谷的人。因为没有目标就没有行动，没有行动自然不会有成功。成吉思汗爱才如命，一旦得到贤士和能人，就委以重任，并能真正做到“用人不疑，疑人不用。”一个优秀的领导者，不仅需要识才、纳才，还需要善于用才，善于留才。只有过人的胸怀，才能够容纳天下将才为己所用。

硅谷创业教父保罗•格雷厄姆（Paul Graham）说，我的成功只是遵从了成吉思汗的五句话。这五句话分别是：一、要让青草覆盖的地方都成为我的牧马之地；二、培养贤人和能人，让他们衷心于我；三、战胜了敌人，我们共同分配获得的财物；四、没有铁的纪律，战车就开得不远；五、你的心胸有多宽广，你的战马就能驰骋多远。

—— 世界青年创业论坛，2015 年 08 月 04 日

法国人眼中的成吉思汗

Chinggis Khan in the eyes of the French

法国版《成吉思汗》

成吉思汗是占有当时世界五分之四版图的最大帝王，按当时的概念说，他应该是无限的富有者了，但他到最后之日为止，奢侈、腐化与他毫无缘分。他一生最高理想是要创立单一的世界王国。

——廉克

（法国著名军事家）

银巴特尔，书法家

The globalization origined from the period of the Great Unitary State of Chinghis Khan

「全球化」起源于成吉思汗的大统一

大地是人类的家园，我们只有一个家园，这是当今人类“全球化”的新概念。然而，“全球化”起源于成吉思汗的大统一。

——韩文版《千年历史人物》1999 年

韩国画家绘制的蒙古帝国人物

Chinggis Khan topped the list of most ideal boss candidates for the Japanese

日本人选最理想的老板，成吉思汗名列榜首

图片来自志茂田景树著《草原霸王成吉思汗》，祥传社，1992年

日本政府在一项实习训练中，调查了520名新任公务员，问他们心目中最敬佩的老板是谁，结果79人选成吉思汗。这是1991年起进行类似调查以来，第一个荣登榜首的非日本人。人事院官员说，许多新任命的公务员认为成吉思汗是「一个有组织能力的领袖，而不仅是一个征服者」。日本首相桥本龙太郎仅得了3票，排名第九。不过他本人对此不太在意，因为他也是个成吉思汗迷。桥本最喜爱的书就是日本有关成吉思汗及其家庭的小说。

20世纪90年代日本人选最理想的老板，结果令调查人员大吃一惊：许多新任公务员心目中理想的老板不是首相桥本龙太郎，而是13世纪的成吉思汗名列榜首。

——中国《青年参考》

德国人眼中的成吉思汗

Chinggis Khan in the eyes of German

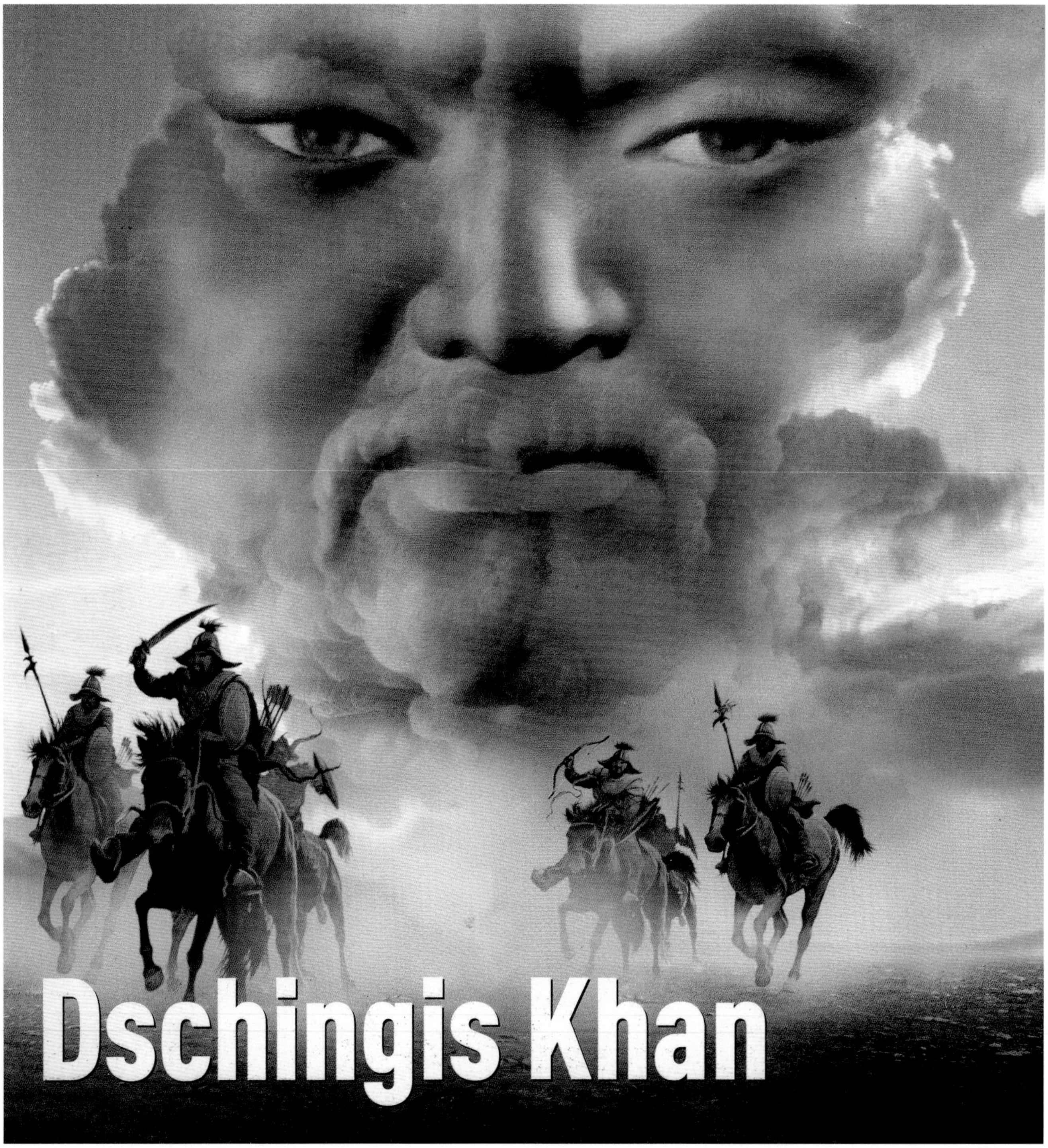

德国版《成吉思汗》

世界性伟大人物 —— 耶夫·阿列克劳斯（德国）

Chinggis Khan of the Turks

土耳其人无限崇拜成吉思汗

蜡像（土耳其首都安卡拉）

拔都雕像（土耳其首都安卡拉国会大厦广场上的群雕）

曾被成吉思汗征服过的土耳其人，至今对成吉思汗的崇拜程度，可以同太阳神的崇拜相提并论。

Chinggis Khan in the eyes of Japanese

日本人眼中的成吉思汗

“他的魔术般的突然出现，惊倒了许多历史学家”

——楳本捨三（日本）史学家

日本人想象中的成吉思汗画像。在我国最初刊印在上海中华书局，于民国四年（1915 年）刊登在《大中华》杂志上，后来在中国广泛流传

张海波提供

韩国人的成吉思汗崇拜

Korean worship Chinggis Khan

韩国人对伟大的成吉思汗一直充满着景仰，认为他是影响历史进程的大英雄。他们确信自己的祖先是蒙古人。
——摘自金正洛（韩）著：《千年历史人物》，1999年。

泰米尔人眼中的成吉思汗

Chinggis Khan in the eyes of Tamil

泰米尔人生活在印度的泰米尔纳德邦、安得拉邦、喀拉拉邦，斯里兰卡的东部和北部，以及缅甸、印尼、斐济、毛里求斯等地。泰米尔人是世界最古老的民族之一。他们所属的达罗毗荼人很可能是辉煌的印度河文明的主人，也就是南亚次大陆最早的居民。现在泰米尔人仍然在使用最早的古典语言——泰米尔语，已有二千多年的历史，属于达罗毗荼语系，通行于印度南部、斯里兰卡东北部。它是泰米尔纳德邦的通用语，斯里兰卡的一种官方语言。根据统计，在1996年，泰米尔语在全球的语言人口中排第18位，说这种语言的人口约7,400万人。

印度泰米尔文版《成吉思汗》

哈萨克斯坦人眼中的成吉思汗

Chinggis Khan in the eyes of Kazakhstan

哈萨克斯坦画家伙索诺夫 画

哈萨克斯坦总统纳扎尔巴耶夫感激成吉思汗。上海合作组织成员国在哈萨克斯坦首都会晤时，让参会的领导们观看了《游牧人》。该片是在总统纳扎尔巴耶夫的直接提意、关照下拍摄，共花费三千万美元，全部由国家预算支出。根据哈萨克斯坦民间传说编剧的该片结尾处总统纳扎尔巴耶夫特意加入了鲜明的标注“阿提拉、成吉思汗使游牧民族享誉世界”，该片在美国等国播映。

Chinggis Khan in the eyes of Saudi Arabian

沙特阿拉伯人眼中的成吉思汗

沙特阿拉伯文版《成吉思汗》

As early as 1755 - 1759 years, the image of Chinggis Khan was appeared on the stage of Paris and London

早在1755——1759年成吉思汗形象就被搬上了巴黎和伦敦舞台

伏尔泰笔下的成吉思汗形象

由《赵氏孤儿》改编的电视剧正在欧洲各国热播，并引发了国戏剧在西方的传播和接受。伏尔泰改编的五幕剧《中国孤儿》，于1755年在巴黎被搬上舞台，讲的是成吉思汗与前朝遗孤和尚德一家的故事。伏尔泰添加了一段成吉思汗的爱情故事，多次在巴黎等地的剧院上演，获得了巨大成功。

18世纪英国剧作家谋飞（1727-1805）改编《赵氏孤儿》，突出了民族矛盾，前朝遗孤报了国恨家仇，忠心爱国的臧蒂夫妇赴义就死，征服者铁木真也得到应有的下场。该剧1759年4月起在伦敦连续公演九场。以后的60年间，在英国舞台上反复演出，甚至横渡大西洋，在美国多地上演（有资料统计，18世纪下半叶，《中国孤儿》在英语国家演出了四五十场）。除英法两国外，意大利诗人也根据《赵氏孤儿》创作了歌剧《中国英雄》。1752年，该剧在奥地利维也纳皇宫演出，获得了成功。

Chinggis Khan in the eyes of American

美国人眼中的成吉思汗

图来自美国《成吉思汗以长生天之道建立国家》

美国第26任总统西奥多·罗斯福高度赞扬蒙古人的历史。

蒙古学家杰里迈亚·柯廷（1835—1906）曾写了三本大部头的有关蒙古学的著作。第一部《蒙古人的历史》，于1908年在伦敦出版。当时的美国总统罗斯福以优雅的文笔为该书写了长达7页的前言，高度赞扬该书的出版，他说道：“柯廷先生是当前美国最杰出的学者之一，他成功地描述了关于勇敢的蒙古人的历史”。

Chinggis Khan in the eyes of Vietnamese

越南人眼中的成吉思汗

越南社会主义共和国主席阮明哲：为纪念成吉思汗八百年前建立的大蒙古国而举行的活动，是蒙古人民生活中的重要组成部分。对游牧蒙古人而言大蒙古国是最早的统一国家，它不仅满足了蒙古民族争取和平的愿望，而且以统一的民族身份屹立于世界民族之林。

图米自越南文《成吉思汗》

Chinggis Khan in the eyes of Singaporean

新加坡人眼中的成吉思汗

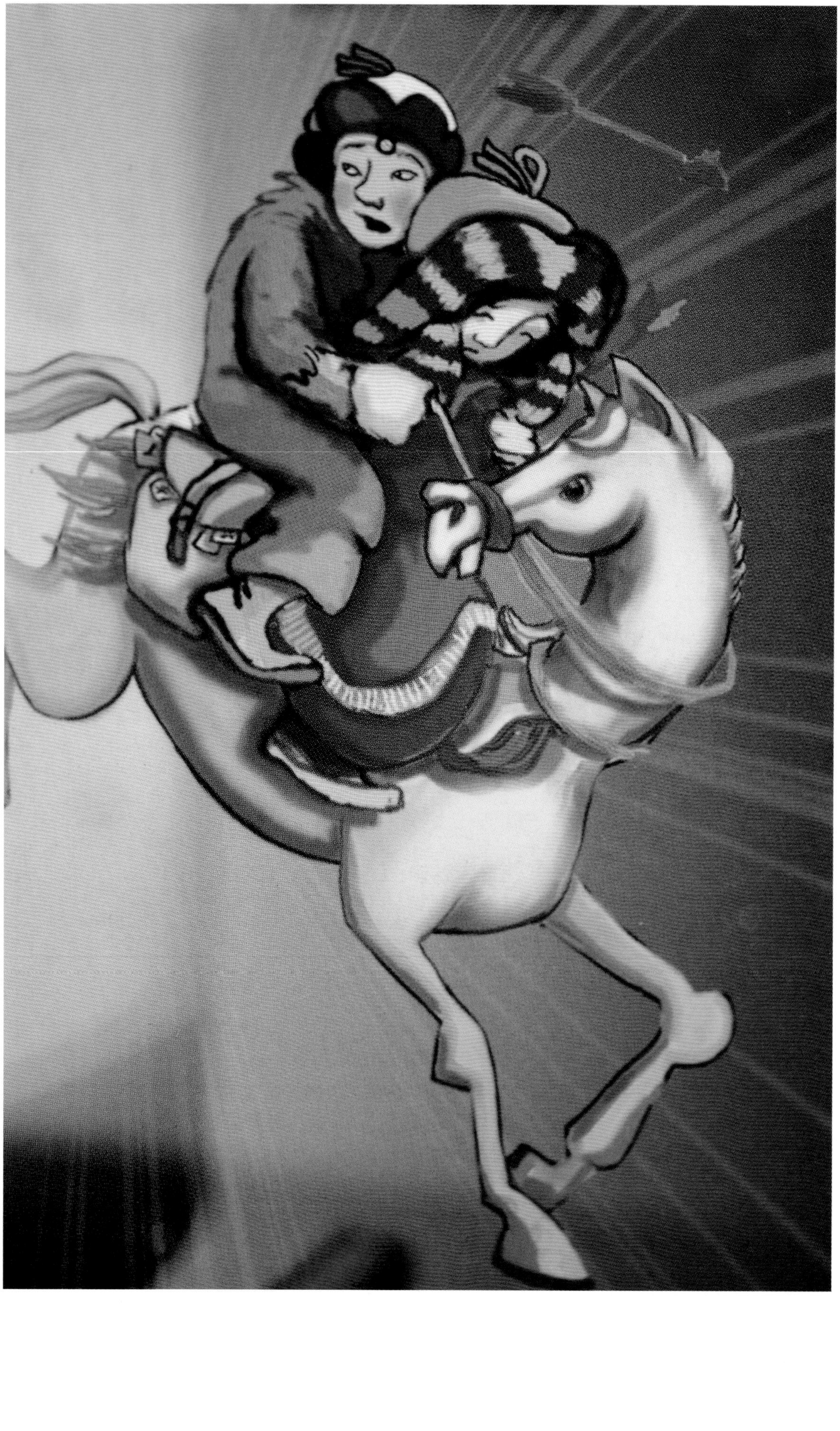

意思买•尼查拉•舍利托作品

图片来自新加坡大卫•贝德著《王中王》，2005年

新加坡共和国总统纳丹说：史学家们从现在开始已经重视研究和评价蒙古国的奠基者成吉思汗对历史产生的重大影响了。我本人也经常从不同的角度了解和研究成吉思汗的历史功绩以及他留下的宝贵遗产。

Chinggis Khan in the heart of Hungarians

匈牙利人心目中的成吉思汗

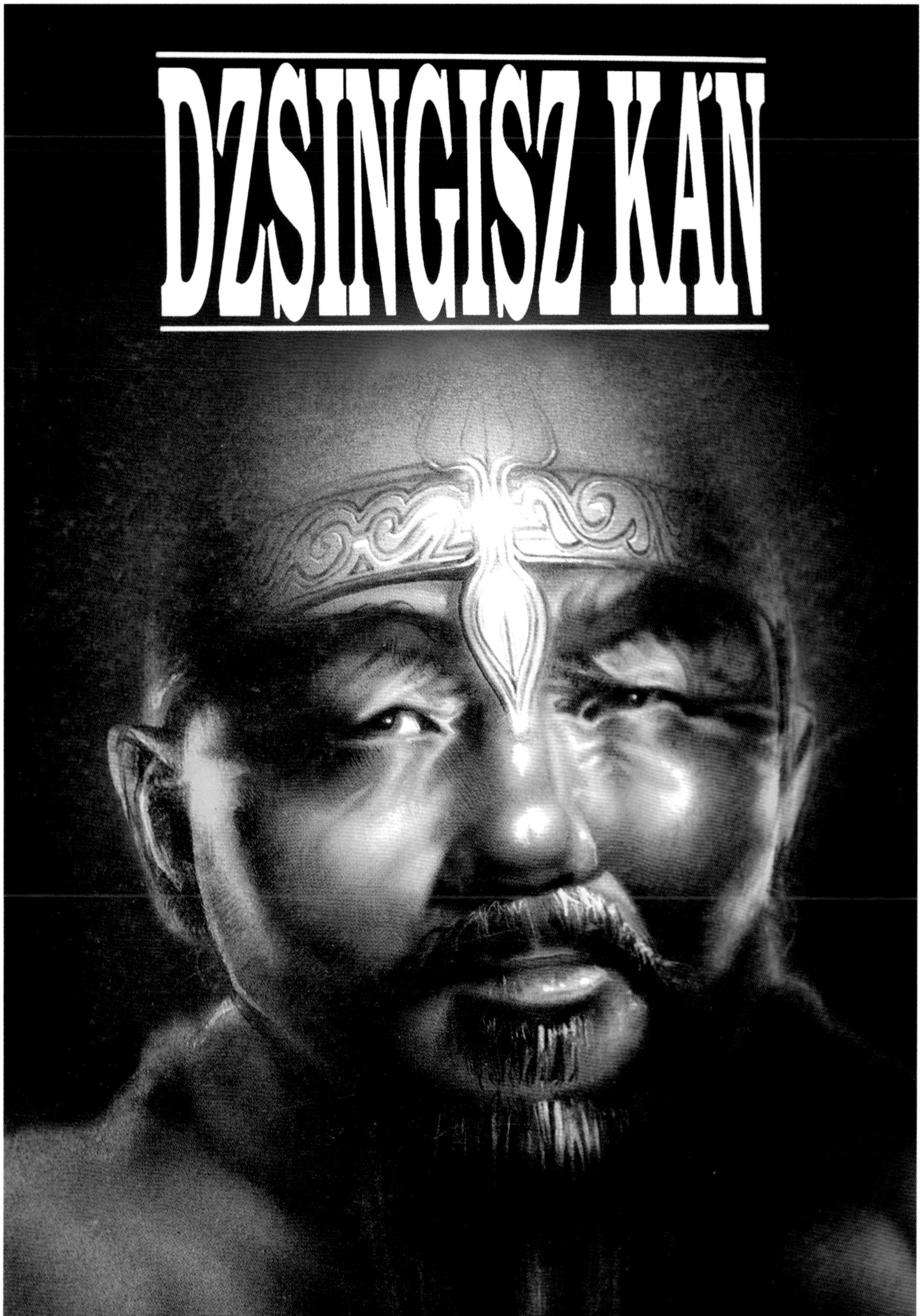

图片来自匈牙利版《成吉思汗》 罗仁扎作品

他是我们共同的祖先。
—— 宝日巴拉
（匈牙利学者）

Chinggis Khan in the eyes of the Jordan

约旦人眼中的成吉思汗

图片来自约旦文《成吉思汗》

成吉思汗是蒙古人的精神支柱，蒙古人的兴旺是从成吉思汗开始的。

——莲见治雄（日本学者）

Mongolian cavalry in the eyes of European,Chinese and Arabian

欧洲人、中国人、阿拉伯人眼中的蒙古骑兵

蒙古人的征服故事确实是全部历史中最出色的故事之一。亚历山大大帝的征服，在范围上不能和它相比。在散播和扩大人们的思想以及刺激他们的想象力上，他所起的影响是巨大的……作为一个有创造力的民族，作为知识和方法的传播者，他们对历史的影响是很大的。

— 韦尔斯（英国著名史学家、《世界史纲》的作者）

英国人眼中的成吉思汗

Chinggis Khan in the eyes of the British

图片来自英国版《成吉思汗》

چنگیز خان

Chinggis Khan in the eyes of Pakistani

巴基斯坦人眼中的成吉思汗

图片来自巴基斯坦乌尔都文《成吉思汗》

巴基斯坦总统佩尔韦兹·穆沙拉夫说：蒙古人对世界军事史上作出的贡献是非常大的。他们的坚强意志以及战略战术已成为战胜一切敌人的基础。成吉思汗的名字以及他军队的功绩将名垂世界军事史上。

吉尔吉斯坦人眼中的成吉思汗

Chinggis Khan in the eyes of Kyrgyzstan

图片来自吉尔吉斯坦梯纳尔•穆拉特著《铁木真》

亘古开天辟地以来没有一个民族如此强大。 ——尼古拉·列里赫（前苏联藏学家）

Chinggis Khan in the eyes of Italian

意大利人心目中的成吉思汗：他是做人的偶像

图片来自意大利文《成吉思汗》

Chinggis Khan in the eyes of Canadian

加拿大人眼中的成吉思汗

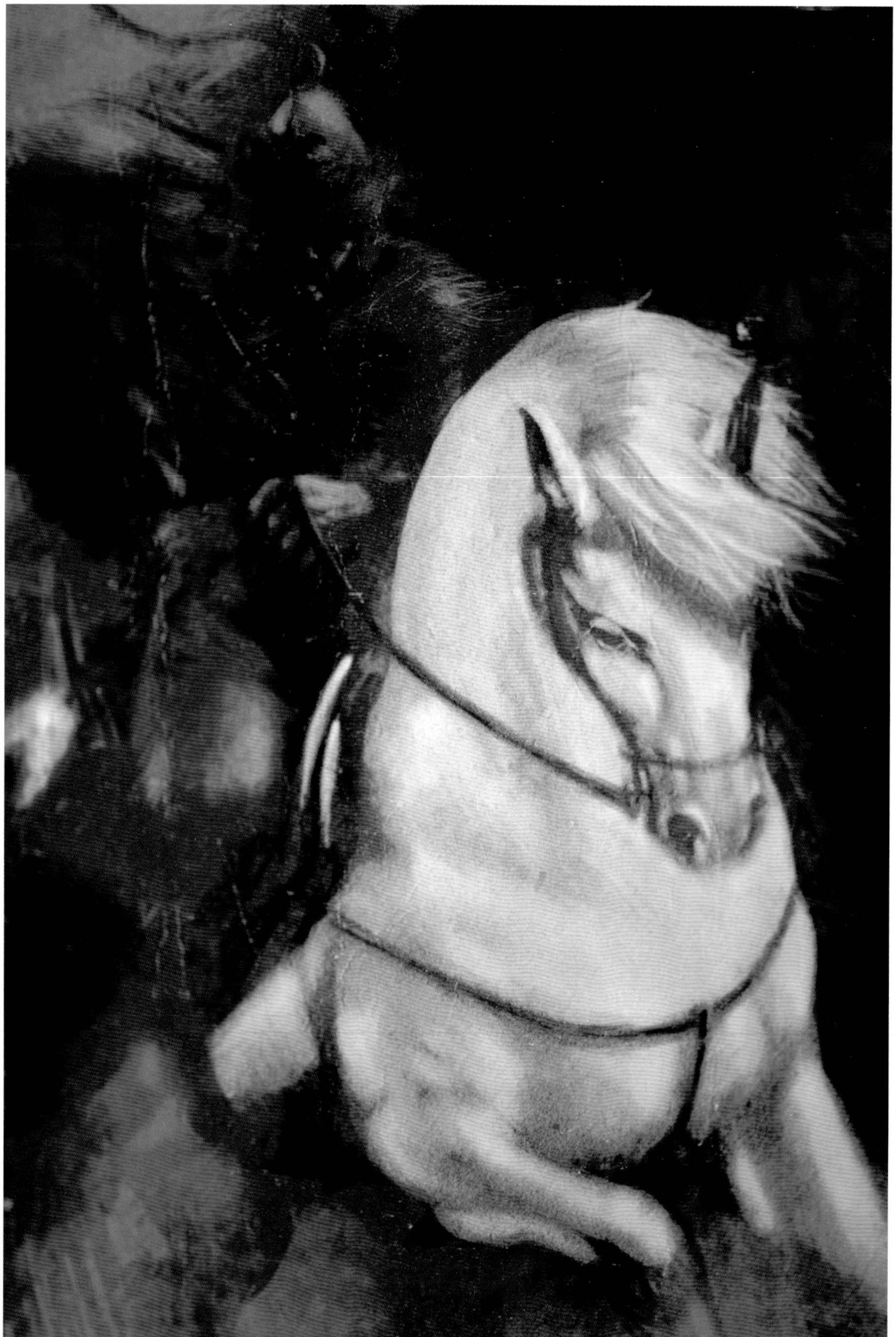

图片来自加拿大森•欧日来著《完美的战士》2001年

最完美的战士— 成吉思汗

Chinggis Khan in the eyes of the Egyptians

埃及人眼中的成吉思汗

由于马穆鲁克的抵抗，埃及脱离了危险。
——（埃及史学家）侯赛因

图片来自埃及　萨哈日·冉飞著《成吉思汗》　2009 年

Chinggis Khan in the eyes of the Russians

俄罗斯人眼中的成吉思汗

达布乐町•胡拉萨姆（俄罗斯）作品

蒙古人并没有破坏亚洲、欧洲的城镇、文化和文明

——勒·纳·古米列夫（苏俄）

The former leader of the Republic of Tadzhikistan Kaplawf said: The provocative actions of Muhamud strengthened and accelerated the Chinghis Khan's invasion to Middle Asia

塔吉克共和国前领导人加富罗夫说：

摩诃末的挑衅行为，加速了成吉思汗对中亚的入侵

图片来自以色列文《成吉思汗与现代世界的形成》

塔吉克共和国前领导人Б.Г.加富罗夫说，摩诃末的挑衅行为，加速了成吉思汗对中亚的入侵。成吉思汗认为中亚意义重大，并对此作了非常周密的准备。他在军事行动开始以前，研究清楚了中亚商人们提供的关于敌方军队人数和准备程度的情报。正因为如此，所以成吉思汗的入侵中亚，并不像有的历史学家所说的那样，是蒙古游牧民毫无秩序的自发行动，而是按照预定计划进行的，经过深思熟虑的进军。当向导的是当地的商人。

Chinggis khan in the eyes of syrian

叙利亚人眼中的成吉思汗

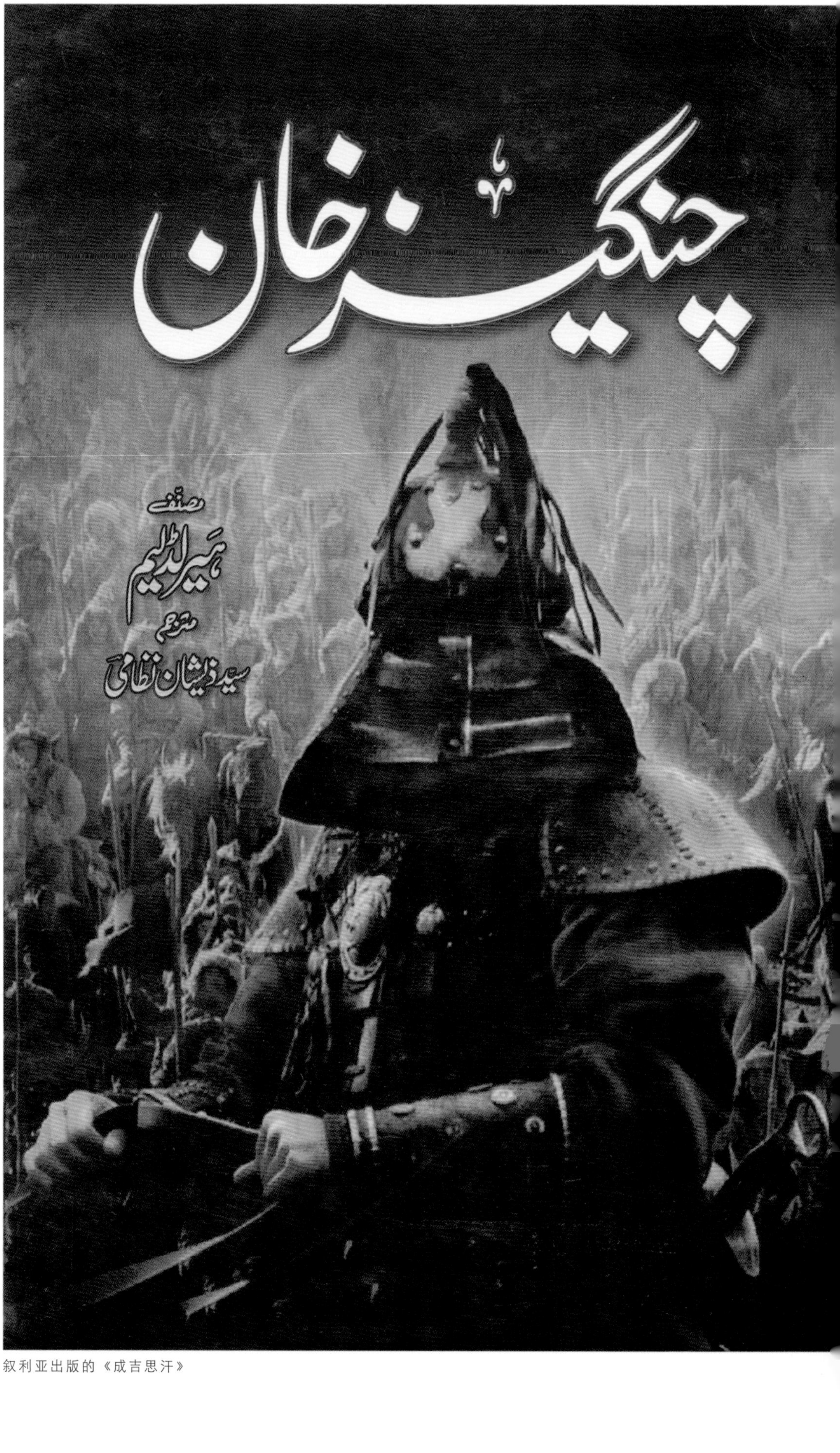

叙利亚出版的《成吉思汗》

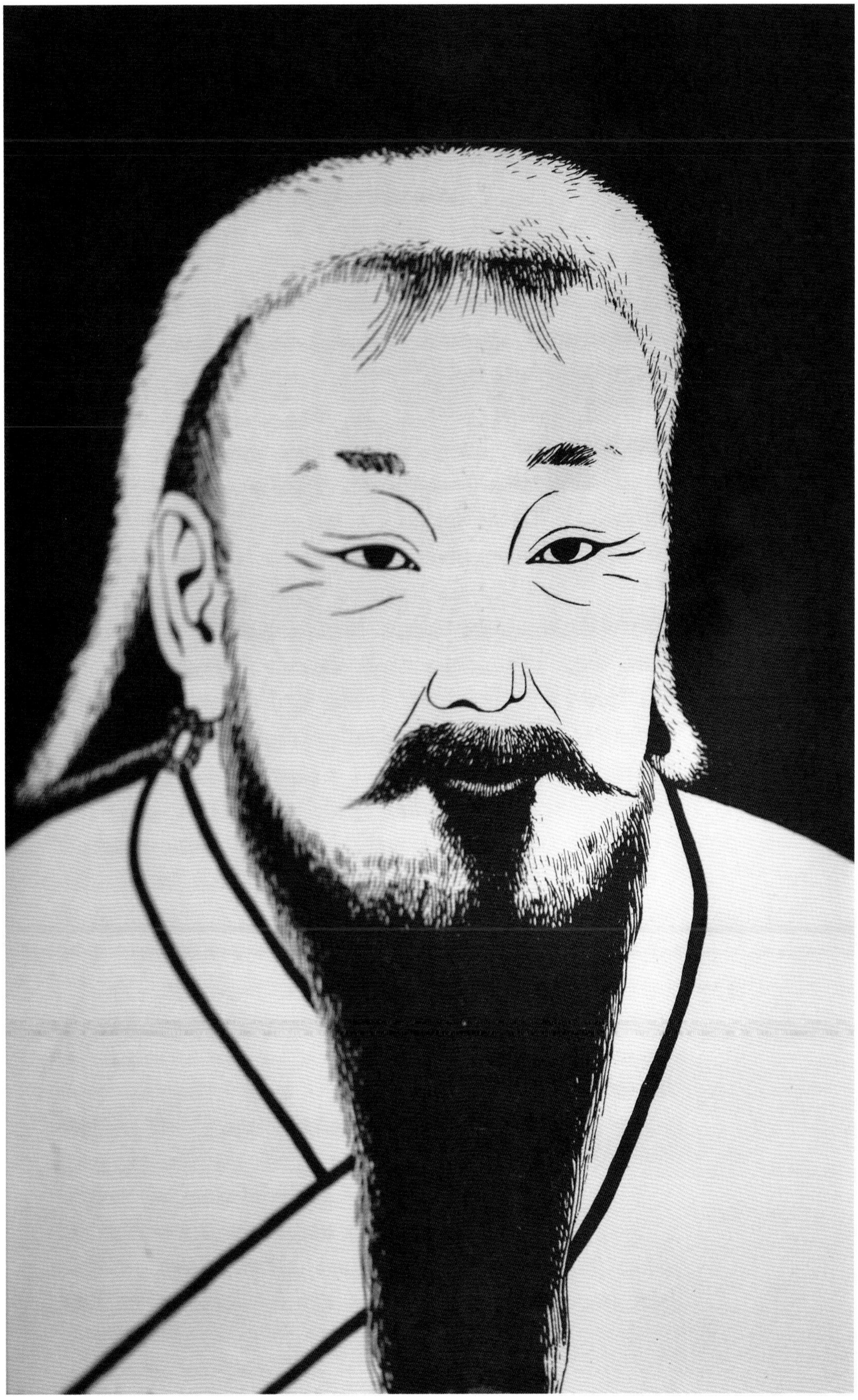

Chinggis Khan in the eyes of a Poland painter

波兰画家笔下的成吉思汗

图片来自波兰文《蒙古秘史》 华沙 1970年

Chinggis Khan in the eyes of the United Arab Emirates

阿拉伯联合酋长国人眼中的成吉思汗

阿联酋出版的《成吉思汗》

4

壮士如虹气千丈——东方战神成吉思汗

Man with strong momentum —— Chinggis Khan, the Oriental God of War

成吉思汗戎马一生，率领大约 20 万蒙古骑兵纵横欧亚大陆几十年，征服了几十个国家。他发动了人类有史以来规模最大的战争，创造了人类战争史上的奇迹。耶律楚材在诗中赞叹蒙古骑兵的气势：“天兵饮马西河上，欲使西戎献驯象。旌旗蔽空尘涨天，壮士如虹气千丈。秦工汉武称兵穷，拍手一笑儿戏同。

Chinggis Khan devoted his whole life in military. As the commander of 200 thousand Mongolian cavalry, he built an army that conquered dozens of countries in the great Eurasia continent. He also launched a war of the biggest scale from the very start of human history, and created miracles in war history of human. In his poem, Yelü Chucai sang high praise of the impressive momentum of Mongolian cavalry, “Soldiers from heaven water their horses in the west of the Yellow river. The war has been launched as Chinggis Khan desires Xirong nationality to pay the tribute of their tamed elephant. Majestic momentum is gained when glorious flags cover the extensive sky, and dust swirls straight up in the air. On the contrary of this majestic career, the military of Qin Shihuang and Emperor Wu of Han dynasty indulge too much in aggressive wars that they treat wars like trifling games.”

目录

ᠴᠢᠩᠭᠢᠰ ᠬᠠᠭᠠᠨ ᠤ ᠬᠥᠷᠥᠭ

成吉思汗画像

Portrait of Chinggis Khan

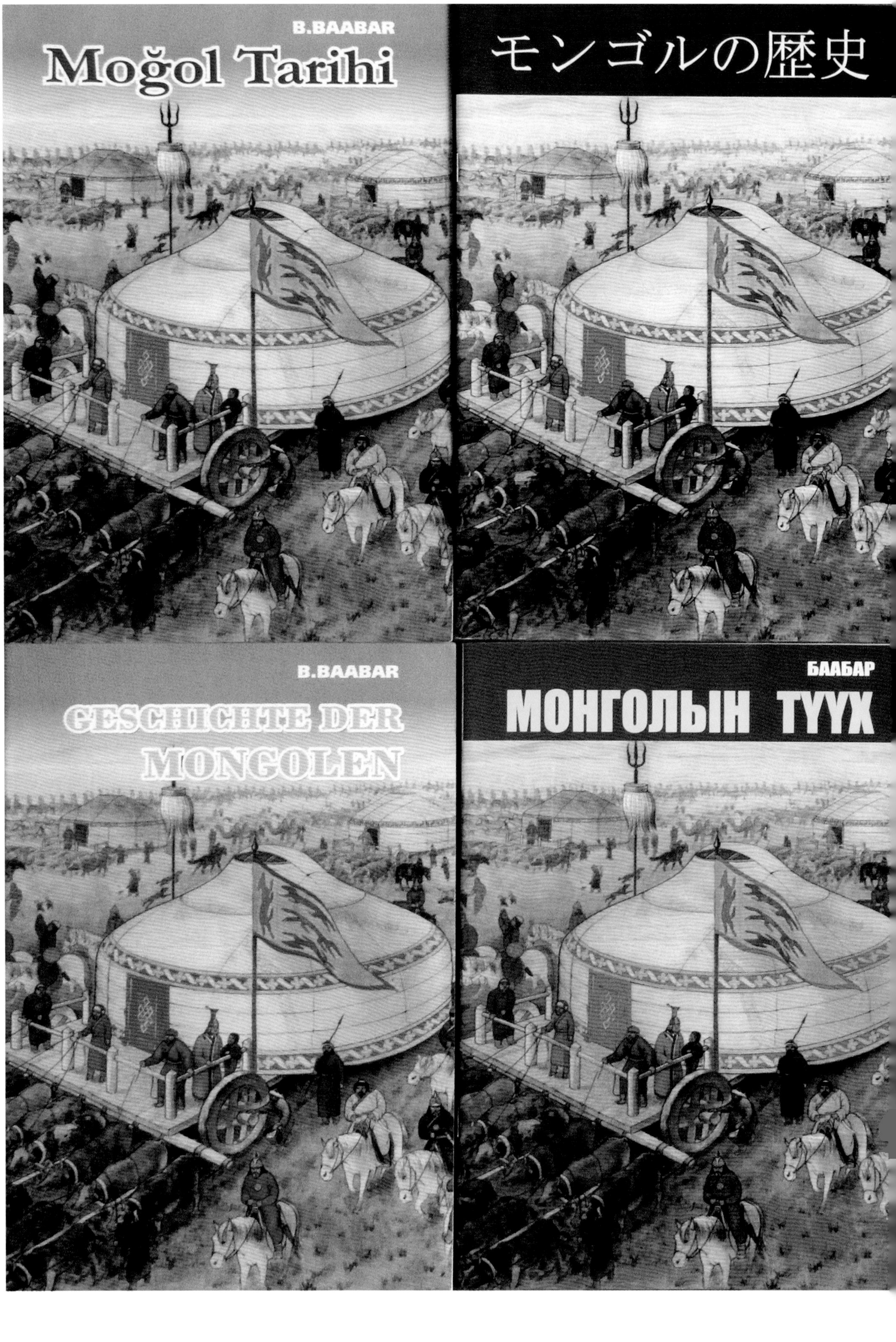

该图分别在美国、蒙古、日本等国以不同的文种出版发行

前所未有的蒙古军伟容

Unprecedented great looks of Mongol soldiers

在成吉思汗的行宫中，山川相缪，郁乎苍苍。车帐如云，将士如雨，牛马被野，兵甲赫天，烟火相望，联营万里，真是千古之盛，前所未有的伟容！

——耶律楚材《西游记》

The oil painting, *Chinggis Khan* fully embodies the glorious image of the world hero

《成吉思汗》巨幅油画，充分展现了「世界英雄」的光辉形象

恩和　油画

恩和创作的巨幅油画“成吉思汗”，是唯一一幅表现成吉思汗中年时期的油画作品。该画突出了令人震撼的世界第一帝王形象，综合体现了成吉思汗鼎盛时期的智谋与财富，诠释了成吉思汗在人们心中真正的英雄气概和精神状态。这种“力拔山兮气盖世”的气势，真实地展现了千年风云第一人，反映了“英雄”似乎是正要出征，又似乎是凯旋那一瞬间的气势。

Chinggis Khan is the founder of the Mongol cavalry

成吉思汗是蒙古骑兵的鼻祖

成吉思汗征服花剌子模

图片来自哈萨克斯坦《战争史》

成吉思汗是蒙古骑兵的鼻祖，他将蒙古骑兵的威力发挥到了登峰造极、淋漓尽致的境界，创造了辉煌和极限，达到了冷兵器时期的巅峰。

——达林太（蒙古族军事思想研究学家）

What man can be called a god of war ? Only Chinggis Khan

什么人才能称得上战神？唯有成吉思汗

图片来自土耳其文《成吉思汗》

他凭借丰富的战斗经验和谋略，改变了军事战略和战术。这些让他成为了历史上最成功的征服者之一。他建立的帝国远远超过了亚历山大大帝、拿破仑或恺撒建立的帝国。

——康恩·伊古尔登（英）《长弓王》，内蒙古人民出版社，2009年

草原大写意　吴·斯日古楞 画

He launched the biggest war in the history of mankind

成吉思汗发动了人类历史上最大的战争

成吉思汗及其子孙三代鏖战几十年，统一中国，先后灭亡四十多个国家，征服七百二十多个民族，发动了人类有史以来规模最大的战争，创造了人类战争史上的奇迹。

摘自《千年风云第一人 — 世界名人眼中的成吉思汗》　民族出版社 2005 年

东方战神

The oriental God of war

世界历史上最伟大的军事统帅成吉思汗及其继承者，不仅组建了一支当时天下无敌的强大骑兵，出色地解决了军队给养、后勤供应，还创造性地运用了一系列符合骑兵作战特点的战略战术，取得了一个又一个胜利。

东方来的和平使者　图片来自色儿贝德·阿克沙（埃及）著《成吉思汗》

成吉思汗是军事变革的高手

Chinggis Khan is a master of military reform

《画说中国历史 —— 成吉思汗》中国台湾版

那顺孟和 画

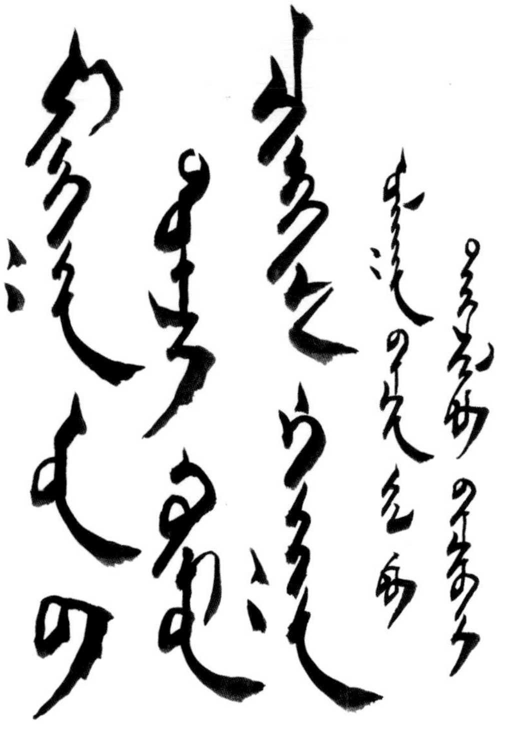

德格吉勒图，书法家

东方风暴 Oriental windstorm

13 世纪，一场来自蒙古帝国的风暴改变了亚洲和欧洲的政治边界，把这片大陆上的人连根拔起然后使其四处流散；它改变了很多地区的人种特点，并且持续改变着三大宗教——伊斯兰教、佛教和基督教的力量和影响；更重要的是，蒙古人连通了东方和西方，永远地击碎了西方看待世界的欧洲中心视角，形成了现代亚洲的政治构架，同时首次在历史上建立了“同一个世界”的观念。

除了惊人的军事成就外，成吉思汗及他的继承者还建立了一套精确复杂的帝国行政系统，为亚洲带来了稳定，他们鼓励宗教和民族宽容，使国际贸易空前繁荣。

——罗伯特·马歇尔（英国）著　《东方风暴——从成吉思汗到忽必烈，挑动欧亚大陆》（BBC 纪录片资深制片人）

山西人民出版社，2015 年

克莱德•佩尔森 画 图片来自英国《成吉思汗与蒙古人》，1987年

成吉思汗将军事艺术推向冷兵器时代的巅峰

Chinggis Khan's propelled military art to the peak of the cold weapon era

成吉思汗将军事艺术发挥到了登峰造极、淋漓尽致的境界，推向了冷兵器时代的巅峰。

——《中国帝王的艺术世界丛书——元太祖的军事艺术》，人民中国出版社

Established a world's strongest fast cavalry

建立了世界上第一流强大的快速骑兵

成吉思汗根据蒙古社会以游牧狩猎经济为主的特点，使蒙古全军骑兵化，组建了举世无双的强大骑兵。蒙古骑兵的速度惊人，成吉思汗发挥了蒙古骑兵快速机动的优势，集中兵力，长驱直入，纵横驰骋，摧枯拉朽，所向无敌。

迦勒迦河战役

图片来自蒙古国出版的《蒙古秘史知识》

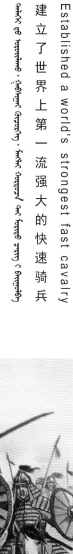

Invincible power of soldiers sweeps away all obstacles

兵威所指，所向披靡

孙子是“伟大的军事理论家”，而成吉思汗则是“百战百胜的军事实践家”。他每逢必战，每战必胜的神奇力量将人类军事天赋穷尽到了极点。

蒙古军组合图　蒙古骑兵的装甲多为皮革制成，轻便坚韧，负担轻，容易保持长时间战斗力，又不像穿铁制铠甲那样在严寒酷暑时成为难以忍受的“酷刑”。蒙古骑兵还随身携带弓箭、马刀、长矛、狼牙棒等，有的还带套马的绳套和网马的网套，可以完成不同的战斗任务。特别是弓箭，较长、较大、较重，射程远，杀伤力强。蒙古军人从小玩的是弓箭，所以一到成年就是职业军人了，他们在严酷的环境中长大，具有极强的坚韧耐劳的性格，是蒙古军之制胜的法宝。

图片来自美国塔里•道格尔迪著《蒙古战士》

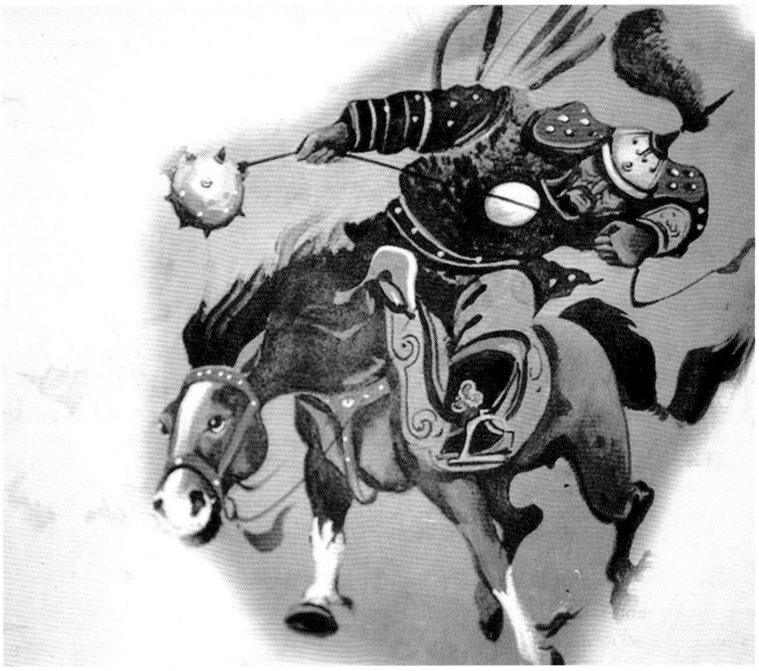

该画现收藏于蒙古国库布苏尔省博物馆

图片来自蒙古国《蒙古秘史》

机动灵活的蒙古军

Dynamic and flexible Mongol army

蒙古骑兵，机动灵活，擅长野战，是一支难以抵抗的力量

图片来自《成吉思汗》彩色连环画　　宝力格、包万德编著　　乌日切夫、纳日黎歌、代钦 画

进兵如飙风迅雷

Marching soldiers with speed like strong wind and sudden thunder

成吉思汗之进兵也，如飙风迅雷，千里瞬至，鹰鹞一击，往往覆敌于猝不及防。可谓"急行如风，侵略如火"。

—— 万耀煌将军（著名军事家）

古列延

蒙古国 奥勒扎巴特尔 画

In the middle ages , the best example of the war came from the East

在中世纪，战争的最好例证来自东方

图雅，书法家

在中世纪，战争的最好例证并不出在西方，而是来自东方蒙古人所进行的各次战争，无论在作战的规模和艺术方面，在突然性和机动性方面，还是在战略和战术上，不仅不会逊色于历史上任何战争，甚至还要超越这些战争。

—— 利德尔·哈特著《战略论》 （美国军事学家）

Shoot the horse first and the cavalry will fall, and kill the leader and the gang will collapse

射人先射马，擒贼先擒王

蒙古军作战图 14世纪波斯画

“射人先射马，擒贼先擒王”，是作战时最好的战术。这是蒙古军和花剌子模王国的士兵交战的一幕。蒙古军的骑射战术非常突出。图中其力拔劲弓的姿态，可知其勇猛与强悍，由其俯身向下瞄准的姿势来看，仿佛是欲射马。

蒙古军四战唐兀惕

Four wars between Mongolian military and Tanggut

成吉思汗第一次攻打西夏要塞图

成吉思汗四次攻打西夏（唐兀惕）。第一次是乙丑年（1205 年）；第二次是丁卯年（1207 年）；第三次是癸未年（1222 年）；第四次是乙酉年（1225 年）。

The military science of Chinggis Khan is the Mt.Jolmo Lungma in the field of Mongol studies

成吉思汗兵学，是蒙古学领域中的珠穆朗玛峰

成吉思汗 海日瀚 画

成吉思汗兵学，是蒙古学领域中的珠穆朗玛峰，也是当时人类智慧的最高结晶。

——道润梯步

（著名蒙古史学家）

Juwayni, the famous Iran historian: in terms of war strategies, Alexander the Great should be Chinggis Khan's student

伊朗著名史学家志费尼：

亚历山大在使计用策方面该当成吉思汗的学生

蒙古士兵攻陷巴格达

图片来自志费尼《世界征服者史》14世纪波斯画

倘若那善于运筹帷幄、料敌如神的亚历山大大帝活在成吉思汗时代，他会在使计用策方面当成吉思汗的学生，而且，在攻略城池的种种妙策中，他会发现，最好莫如盲目地跟成吉思汗走。

——志费尼（伊朗著名史学家、《世界征服者史》的作者）

张成思画　图片来自路力庚著《成吉思汗》辽宁民族出版社 2008 年

Triumphant return of Mongolian Army

蒙古军凯旋

苏和巴特尔（蒙古国） 画

1215年成吉思汗返回蒙古高原，宫廷两侧护卫军在守护

图片来自拉施特《史集》

Chinggis Khan established a guard army with ten thousand people

成吉思汗建立了一支由万人组成的护卫军

成吉思汗建立了一支由万人组成的护卫军，它的成员均为将领们的兄弟子侄，直接听从于大汗。

德美作品

图片来自demi<Qenghis Khan>,MARSHALL CAVENDISH CHILDREN

Rule for everlasting victory —— Encircle three directions with one outlet for enemy, and operate the attack during the turbulence

蒙古军常胜之法——围三阙一动中歼

成吉思汗围攻花剌子模城市时，采取了先紧后松、围三阙一、运动歼敌的战术，获得了重大胜利。

图片来自瓦西里·杨《成吉思汗》 乌兰巴托 2010年

Established the world's first military staff
组建了世界上第一个军事参谋部

据史料记载，成吉思汗在采取一个战略行动之前，总是长时间地进行调查研究，收集详细的情报，在此基础上制定周密的计划，做充分的准备工作。在征讨乃蛮部之前，成吉思汗对其军队委任了千户之官、百户之官并组建了千员中军；委任了脱仑、朵歹等6名扯儿必（官名，即常侍），这是最初的总参谋部。据多名史学家认为，成吉思汗的参谋部比拿破仑的参谋部还要早600年。

成吉思汗狩猎图 1860年作品 图片来自美国雅各布著《成吉思汗》

Hunting is a strict military training

狩猎是一场严格的军事训练

这种旦旦逐猎，年年游牧的生活，既锻炼了蒙古人强壮的体质，又磨练了他们坚强的意志，也培养了他们高超的骑射技术。狩猎就是军事训练。平时放牧狩猎，一到战时，马上组织骑兵投入打仗。成吉思汗说：“就像我们的商人带来的织金衣服和好东西，并坚信能从这些布匹、织物获得钱币（巴里失）那样，军队的将官们应当很好地教会儿子们射箭、骑马、一对一地格斗，并让他们不断地练习。通过这样的训练把他们练得勇敢无畏，使他们像坚毅的商人那样掌握他们的本领。”

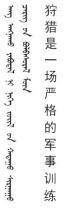

A leading French historian states that the historyof Chinggis Khan is the well-known marvelous adventurous story

法国史学泰斗伯希和：

成吉思汗并不是为杀人而杀人的人，他的一生无疑是一部全世界所知道的最不可思议的冒险史

图片来自日本津木阳著《成吉思汗——草原霸主》2006年

Talisman of Mongolian army– tenacity, perseverance, and dependence on light cavalry

蒙古军的制胜之法宝 —— 坚韧耐劳赖轻骑

土耳其出版《成吉思汗》安卡拉

如果以欧洲骑士的标准来看，蒙古骑兵充其量算是一种轻骑兵。因为蒙古骑兵的装甲多为皮革制成，轻便坚韧，虽然其防护性不及欧洲重装甲骑兵身上的锁子甲，但负担轻，容易保持长时间的战斗力，此外穿着它不会像穿铁质铠甲那样在严寒酷暑时节成为难以忍受的“酷刑”。

由于耶律楚材和成吉思汗的回鹘辅臣们的作用，蒙古行政机构的雏形在征服中产生了。成吉思汗平息了无休止的内战，为商旅们提供了前所未有的安全，以致一个头顶金大盘的人从日出走到日落都不会受到一小点暴力。他的札撒在整个蒙古和突厥斯坦建立了一块“成吉思汗和平碑”。在这方面成吉思汗是打开通往文明之新路的开拓者。
——（法国）勒内·格鲁塞著《草原帝国》 商务印书馆 1998年

成吉思汗具有真正统治者的素质

Chinggis Khan had rulers qualities

张恒 雕塑

「穷寇务追」的歼灭战

War of annihilation with inevitable attack for tottering foe

山谷间行军　图片来自拉施特《史集》

图片来自《三联生活周刊》第39期

成吉思汗对残敌穷追不舍，打死老虎，更是他的拿手好戏。如击破敌军，便历尽千辛万苦越阿尔泰山，甚至是世界禁区帕米尔高原和天山。成吉思汗所以是常胜将军，秘诀就在于集中兵力，速战速决。

蒙古战士的优势来自各式各样的箭头。除了专为致人于死而设计的箭头，如最左边那支，还有划空而过时会发出鸣响，以吓唬敌人的箭头。右边数第二支和第三支箭头，都既会鸣响又能伤人
马鞍：蒙古骑兵的战略源于这个民族在草原上狩猎的经验。蒙古军队大迂回战略的突出特点是：先将敌人包围，再给予歼灭，甚至不惜在初期以轻骑诱敌进入埋伏。
铁蒺藜：铁铸，用抛石机将其发射或埋于路上，用以阻滞敌人前进。
窄檐与宽檐式铁盔：原型为唐代的兽头盔。
铜火铳：铸造于1315年，是中国现存铸造时间最早的铜火铳。蒙元军队从被征服民族那里汲取经验，改进自己的铠甲与武装。宋代的工匠将火器、投石机等先进武器教授给了蒙古人。在三次西征中，火铳等武器成为他们攻城掠地的利器，并通过伊斯兰世界传到了欧洲，深刻影响了欧洲社会进程。
俄罗斯
攻无不克的蒙古各路军队于1224年会师额尔济斯河畔，然后班师东归。3年后蒙古大军消灭西夏的同时，成吉思汗也去世了
1227年的蒙古北疆
蒙古军队行进路线
速不台与哲别行进路线
括号内为现代城市名
现代国界与国家名以灰色表示
亚洲
阿尔泰山脉
蒙古
西夏
1227年被蒙古征服
中都（北京）
1214年前金国国都
开封
1214年后金国国都
金国
西安
（杭州）临安
南宋
西藏
德里苏丹国
日本武士画家竹崎季长在自己所著的《蒙古袭来绘词》中描写自己在博多湾迎击于1274年11月登陆的蒙古军队的场景。图画中元军士兵所穿是轻便的布面甲，表面钉有甲泡，内衬铁甲，以防护日渐先进的爆炸型火器。元军的两次入侵不仅使日本武士将单骑独斗的战斗方式转换为步骑协同的编队作战，更使他们对没有能够论功行赏的镰仓幕府极为不满，为足利尊氏创立室町幕府统治打下了基础。
为了攻克那些防守坚固的城市，善于学习的蒙古人从他们的契丹对手和招揽的汉族工匠那里得到了威力强大的武器，其中最主要的就是改进后的抛石车：在一根巨大杠杆后端挂有一块巨大的铁块或石块，平时用铁钩钩住杠杆，放时只要把铁钩扯开，重物下坠，就能抛出石弹，相比起旧式的抛投型武器，它并不要求太多的人员来操纵，射程也更远。甚至在1346年，西征的蒙古军队包围黑海港口城市克法时，把患鼠疫死亡的死者尸体用投石机射入城，成为世界上最古老的生物化学武器。
西夏武士图
1227年，蒙古灭西夏
金代武士图
1234年，蒙古灭金
联生活周刊 2004年第39期
37

About 750 years ago, Chinggis Khan put forward the concept of the modern war "the total war"

大约 750 年前，成吉思汗提出了「总体战」的战争概念

成吉思汗的军中大营

In the history of world military art ,Chinggis Khan created five world's first

成吉思汗在军事艺术上创造了五个世界第一

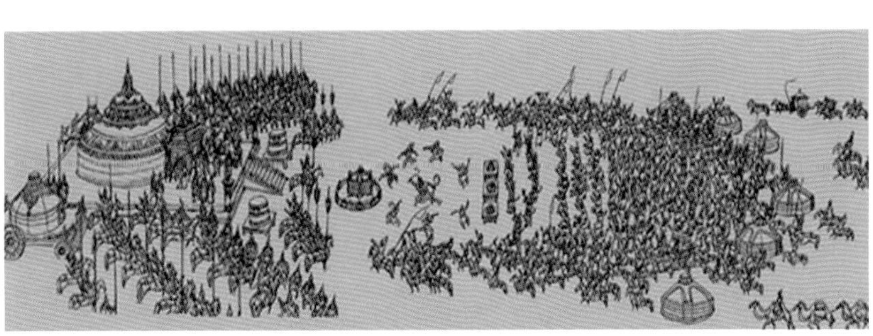

1. 组建了世界上第一流强大的快速骑兵。
2. 第一个实现了全民皆兵。
3. 创建了世界上第一个炮兵部队。
4. 组建了世界第一个参谋部。
5. 世界上第一个发明了“闪电战”。

版画 乌恩琪 作

强悍的战略侦察团队

The powerful strategic reconnaissance group

火药用于兵器，始于北宋时期，并且有了用抛石机发射的炮弹。成吉思汗得以横扫欧亚大陆很大程度上得力于这种先进的火药武器。

赛音那木拉，书法家

Westerner called Mongolian army" Mongol cyclone"

西方人称成吉思汗的蒙古军为「蒙古旋风」

顾连德　画

成吉思汗成功的要诀，正是将世上最强悍的骑射蛮力与最高超的军事科技相结合，坚城和水网也挡不住他的狂飙。

Emperor of subjugation in Jin dynasty lamented ,“The reason why Mongolians win the battles most of the time is that it builds up strong cavalry army and gets the essence of war tactics of Zhongyuan”

金朝亡国皇帝哀宗曾叹道：

蒙古军之所以常取胜者，恃北方之马力，就中国之技巧耳

蒙古往事　要苏图 画

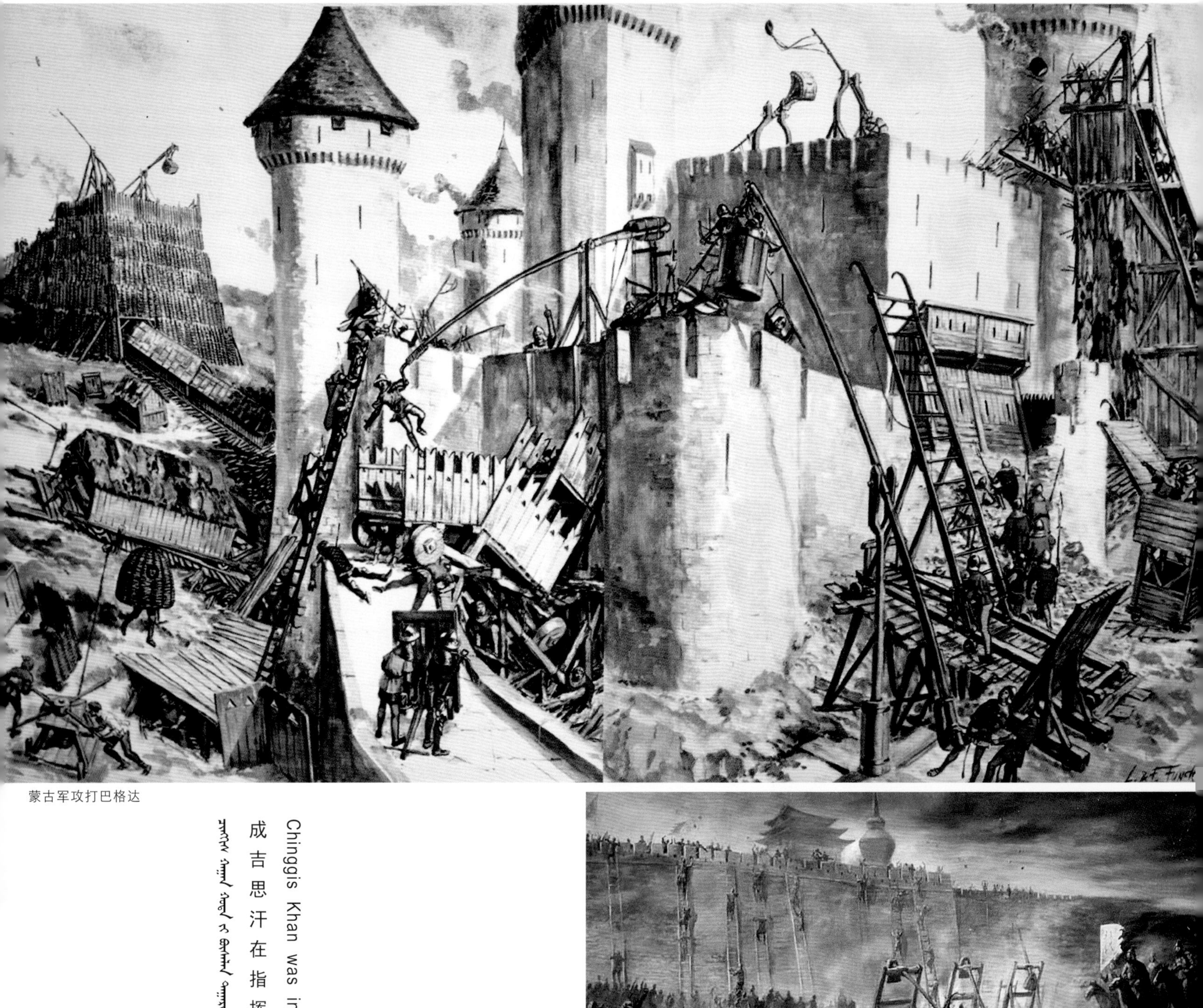

蒙古军攻打巴格达

Chinggis Khan was in command of siege

成吉思汗在指挥攻城

古战场 抛石机 云梯　　图片来自黎巴嫩

资料图

创建了世界上最早的炮兵部队

Created the world's first artillery troop

据史料记载，公元1220年蒙古军征服花剌子模时，创建世界上最早的炮兵团——“回回炮手军匠上万户府”，任命智勇双全的窝阔台为炮兵最高指挥。蒙古军对尼沙布尔城的攻城战中，动用了强弩3千，投石机300台，云梯4千，石囊2千5百，还有攻城车、破城车等。进攻撒麻耳干时，使用了火焰喷射器。日本一名军事家认为，成吉思汗八百年前就首先使用了凝固汽油弹。

成吉思汗常用进攻战

Chinggis Khan often applied offensive warfare

成吉思汗几乎总是打进攻战，很少打防御战，特别是对金国的大规模作战，淋漓尽致地发挥了他的军事天才。他是一位具备军队统帅必需的一切资格和经验的战术家。

蒙古军围攻中原地区 波斯细密画

Chinggis Khan first invented blitzkrieg

成吉思汗是世界上第一个发明「闪电战」的人

蒙古军在攻打金国 收藏于大英博物馆 波斯画 图片来自英国彼得柏兰德著《成吉思汗的权利和遗产》，1976年

英国著名军事家布尔霖在其著作《成吉思汗》一书中说："为什么一个不开化的军队在攻击强盛开化的军队时，均获得成功，其理由何在？概言之，即进行近代闪电战之方式也"。

图片来自花七郎《成吉思汗强大的征服者》

色·哈达呼（蒙古国） 画

Under the command of Chinggis Khan, Mongolian cavalry power reached the peak of perfection

成吉思汗将蒙古骑兵的威力发挥到了登峰造极、淋漓尽致的境界

印度首任总理尼赫鲁在给女儿的一封信中说，蒙古人是游牧民族，他们讨厌城镇和城市生活。很多人认为，由于蒙古人过的是游牧生活，所以理所当然是落后、野蛮。其实，这种看法是错误的。成吉思汗是军事上最著名的武将和指挥家。如果把马其顿斯基、亚历山大或彻扎里同成吉思汗相比较，他们就太弱小了。成吉思汗不但自己是大武将，而更重要的是培养了一批军队的指挥官和武将。在遥远的异国他乡，被敌人及其人口众多的异族人包围的情况下，成吉思汗仍然能够打败有相当势力的敌人。

The varied branches of Mongol armed forces were started from a single cavalry

蒙古军由单一骑兵部队发展为多兵种部队

图片来自英国S•R•Furnbull，《蒙古人》1980年

成吉思汗很重视研究发展武器和军事装备，使蒙古军由单一骑兵部队发展为多兵种部队。蒙古军队后勤给养供给系统简单有效。比如装备，骑兵穿很厚的锁子甲，头戴柱形尖顶盔，盾牌裹有金属，马匹披挂铁甲；甲胄与众不同，质量都很好；士兵使用短小的单刃弯月刀、长矛、弓弩，长枪上配有挠钩，可以把对方骑兵拉下马来；还配备斧子、锤子、皮囊；在军械方面，善于利用武器争夺城堡，骑士每人都随身携带一根绳子，可以用来制造投掷器。

Chinggis Khan was the first man to organize a nation in order to start a war

成吉思汗是第一个专为发动战争而将一个民族组织起来的人

图片来自日本木村尚三郎著《世界历史人物——成吉思汗的亚洲大帝国》东京大学学习研究社 1985年

成吉思汗的军队与花刺子模国王子扎兰丁作战图

迂回战是成吉思汗战法的一大特点

Circuitous war was a major feature of Chinggis Khan's war strategy

仁钦 书法家

如攻西夏每次都选择其防守较弱的西线进兵，因西夏是以对金、宋作战为主，东线国防配置设施牢固，而西线一直薄弱。又如伐金，先是避开黄河防线，假道西夏。成吉思汗临终遗嘱安排灭金方略，核心也是避开潼关正面，绕道于宋迂回前进。成吉思汗在战争中遇到强敌时往往采取“四散进走”战术，“其败则四散进走，追之不及。”遇强敌四散远避时，去如电逝，片刻间无影无踪，使敌人无法追击。这是蒙古骑兵利用其机动、快速的优势，保存自身实力的有效战术。

拉施特著《史集》中的插图　描写蒙古军打仗时的场面

Chinggis Khan's common war strategy was mobile warfare

成吉思汗贯用运动战

成吉思汗一贯采用的战略是，从几百甚至几千公里的宽大正面进行大范围的外线作战，分进合击，战略包围，乘其不备，出其不意，力求全歼敌主力。

图片来自蒙古国版《蒙古历史黄金秘密》

Pocket war (also called Lawa war tactics): Lure the enemy with benefits, and wait at ease for an exhausted enemy

「利而诱之」「以逸待劳」的口袋战（拉瓦战术）

蒙古大军迦勒迦河会战

图片来自日本铃木•勤著《蒙古帝国》，1970年

1223年，3万蒙古大军迦勒迦河会战，速不台将军派出少量部队诱敌，连续退却九天九夜，期间遗弃一些财物诱敌，诱到迦勒迦河畔设下的拉瓦阵内，先击其前卫部队，后用“乱而取之”战术，尾追败逃之敌，势如破竹，全歼8万敌人。

图片来自《蒙古秘史》问答画页

Mongol cavalry altered the history of the world

蒙古骑兵改变了历史

成吉思汗将骑兵的威力发挥到极致，可以说，马匹改变了战场，骑兵改变了战争，蒙古骑兵改变了历史。

——《风暴帝国》

易晶画

strong cavalry and core leadership marks the prosperity of military prestige

铁马金帐，军威之盛

大汗出阵乘坐活动大帐（大蒙古包），前后有重臣、将士护卫。旌旗飞扬，行列极其壮观，显示出蒙古军威之盛。

For the nomads, a war was a kind of production; for soldiers, a war meant success and affluence —— Jaqacid Secen

对于游牧民而言，战争就是一种生产，对于士兵们来说，战争则意味着成功与富有

——札奇斯钦

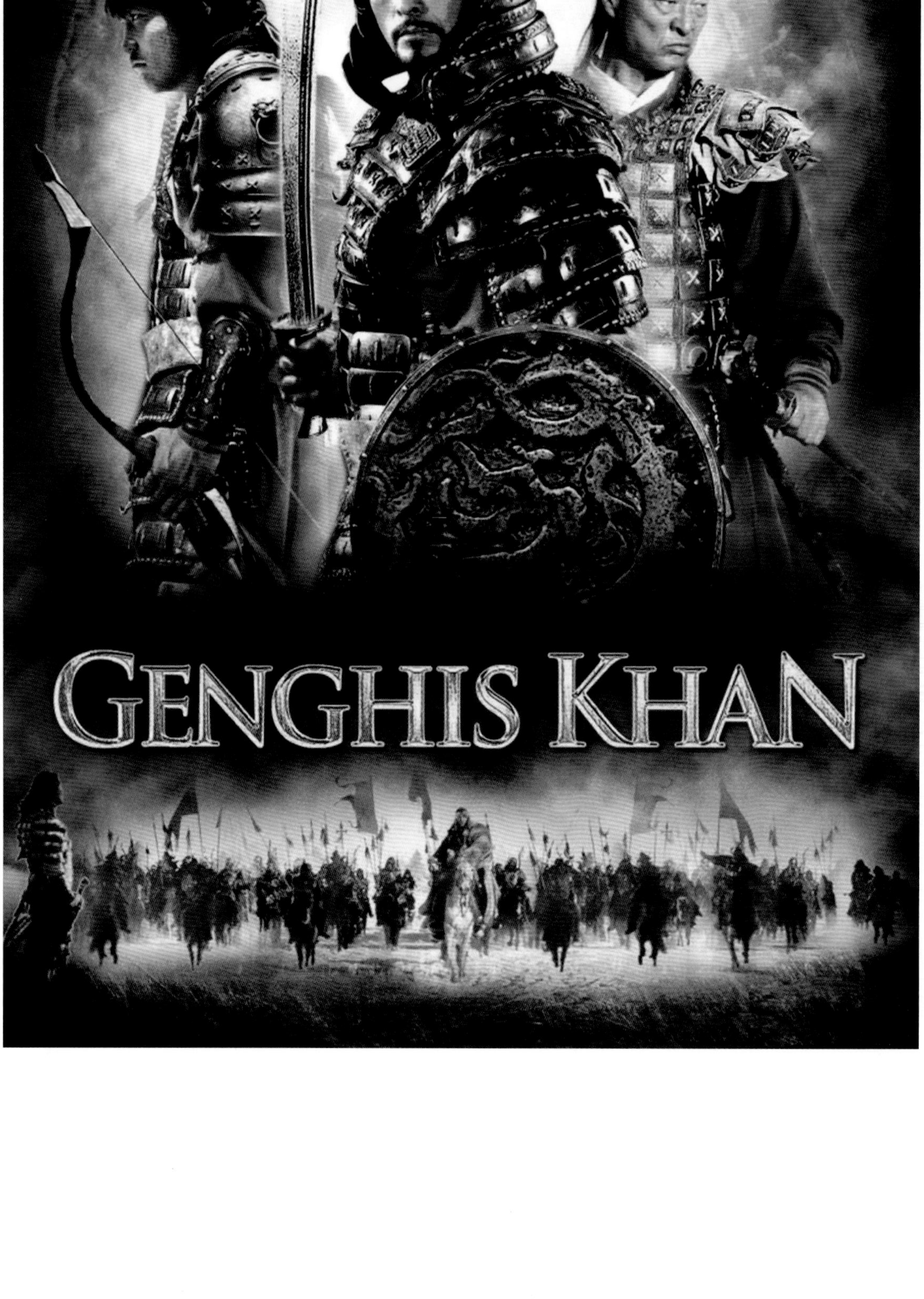

5

掘不尽的富“金矿”——世界在揭秘成吉思汗成功之道

The endless “gold mine” —— Discover the Mystery of Chinggis Khan’s Success

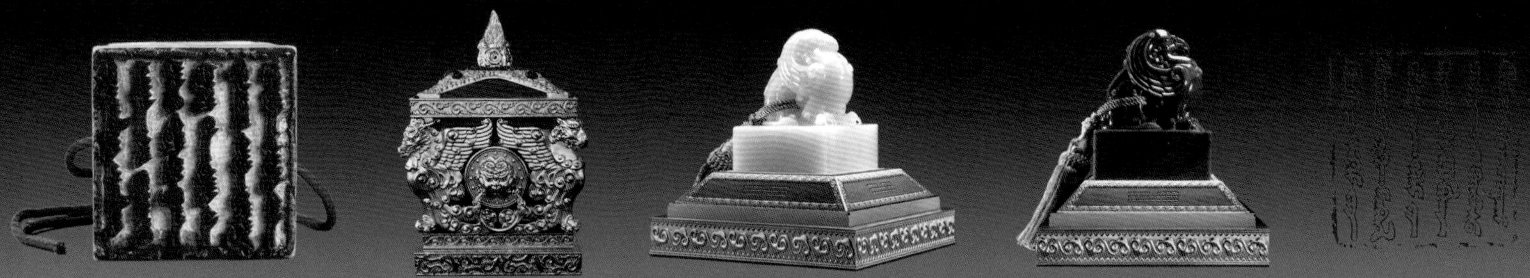

13 世纪草原风暴席卷了欧亚的大部分，改变了这个地区的政治版图和文明进程。而成吉思汗，正是这场世纪风暴的发起者，历史上最富盛名的世界征服者。成吉思汗是永恒的魅力，掘不尽的富“金矿”。后人为揭秘成吉思汗成功之道，撰写了无数篇论著，留下了数不尽的绘画。

Chapter Five: the endless “gold mine” -- Discover the Mystery of Chinggis Khan’s Success.

In the thirteenth century, the political land landscape and civilization process in Eurasia were altered by the “prairie storm”. As the initiator of the storm, Chinggis Khan is the greatest conqueror in the world history.Chinggis Khan’s success is the mysterious and infinite “gold mine" to human beings. Numerous works about Chinggis Khan was created and crafted by later generations.

目录

ᠴᠢᠩᠭᠢᠰ ᠬᠠᠭᠠᠨ ᠤ ᠬᠥᠷᠥᠭ [illegible]

成吉思汗铜雕

Portrait of Chinggis

作者：HURTSGEREL

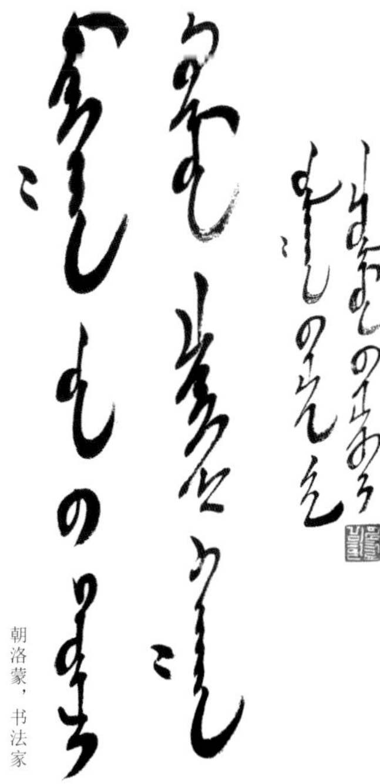

朝洛蒙，书法家

Chinggis Khan had all the qualities of a great leader

成吉思汗具备了过人的领袖天才

巴雅尔　画

Those brilliant achievements stem from Chinggis Khan's skilled command

那些辉煌的成就来自于成吉思汗的指挥艺术

成吉思汗克敌　图中穿橙色袍服、手持长矛者为成吉思汗，手持金锤击敌者为神箭手哲别

波斯画　现收藏于伊朗德黑兰国家图书馆

蒙古人在战场上取得如此伟大的胜利，这并不靠兵马之众多，而靠的是严谨的纪律、制度和可行的组织。也可以说，那些辉煌的成就来自于成吉思汗的指挥艺术。

——摘自印度前总理尼赫鲁《怎样对待世界历史》一书

德·娜仁琪琪格（蒙古国）画

Remarks in *Records of Conquests of the Wise and Might Emperor* , "He has the tolerance of a wise emperor. He dresses up like common people and rides common people's horse. He also constrains the behavior of his subordinates so as to placate people's heart

《圣武亲征录》：有人君之度，能人衣从己衣，乘人马以己马，能束其众以抚其下

成吉思汗对待部属，情同手足，胸怀广阔。《圣武亲征录》：有人君之度，能人衣从己衣，乘人马以己马，能束其众以抚其下。

Chinggis Khan skilled at utilizing timeliness, geographical position, and popular support

成吉思汗最善于利用天时、地利、人和

扎雅图（蒙古国）画

He pursued the most liberal religious policy

他奉行了最自由的宗教政策

唐卡画 现收藏于包头博物馆

在宗教信仰上，成吉思汗奉行了最自由的政策。成吉思汗亲自规定一切宗教都可以合法存在，都应受到尊重，对于各种教士都给予优待。就是在惨烈的战争中，成吉思汗也不主张消灭异族宗教，而是宣布信仰宗教的自由。

成吉思汗的成功与其性格有关

Chinggis Khan's success is closely related to his personality

图片来自杨契维茨基著《成吉思汗》（俄文版）

他憎恨盗窃，讨厌欺诈。忠于主君，是游牧民族的性格。尊敬上天，款待客人，光明磊落，都是成吉思汗所具备的，但他亦具有谨慎、自制的一面，作为主君，他有度量，重信义。
——小林高四郎（日本著名学者、蒙古史学家）

大智大勇的军事家

A courageous and talented military strategist

成吉思汗长于组织而又长于统御，表现于知人善任、恩威并济、虚怀若谷、善用权术及长于外交，并降人心悦诚服等方面的组织才能与统御天才。而在军事方面的表现则是大智大勇，并不是匹夫之勇，是智将而不是勇将。

——李则芬（中国台湾著名蒙元史学家）

Chinggis Khan had far-sighted strategic vision and strategic thinking

成吉思汗永远具有高瞻远瞩的战略思想

图片来自美国哈罗德•兰姆著《全人类的帝王•成吉思汗》

宝音满达胡，书法家

If one choose to embrace challenges and stands up to difficulties he will succeed in the en

——Chinggis Khan

不要因路远而踌躇，只要走就必达到；

不要因担重而畏缩，只要扛就必举起

——成吉思汗

成吉思汗与王罕在无水源的帐篷里，喝的是融化的雪水　　图片来自拉施特《史集》　波斯画

Macarthur an US five-star general and famous military strategist, said that leaving only Chinggis Khan's War record, the military still has the inexhaustible wealth

著名军事家、美国五星级上将麦克阿瑟曾经说：

只留下成吉思汗的战争记载，军人仍然拥有无穷无尽的财富

乌恩琪 版画

如果将有关战争的记载都从历史上抹掉，只留下成吉思汗战斗情况的详细记载，且被保存得很好，那么军人仍然拥有无穷无尽的财富。从那些记载中，军人可以获得有用的知识，塑造一支用于未来的军队。那位令人惊异的领袖（成吉思汗）的成功使历史上大多数指挥官的成就黯然失色。

—— 麦克阿瑟（美国）

Chinggis Khan edifies that country with united minds of its people can enjoy prosperity

成吉思汗教诲：必合众心为一心，方可延长国祚

成吉思汗和他的四个虎子

拉拉画 波斯画

成吉思汗谆谆教导子弟：汝等欲能御敌，多得民心，必合众心为一心，方可延长国祚。

——选自那顺德力格尔主编《成吉思汗箴言解析》内蒙古教育出版社 2012年

成吉思汗的四个虎子

Bronze statue of Chinggis Khan erected in the center of British Capital London

成吉思汗青铜雕像竖立在英国首都伦敦市中心

ᠴᠢᠩᠭᠢᠰ ᠬᠠᠭᠠᠨ ᠤ ᠭᠵᠡᠯ ᠬᠥᠷᠥᠭ ᠢᠩᠭᠯᠠᠨᠳ᠋ ᠤᠨ ᠨᠡᠶᠢᠯᠡᠯ ᠯᠣᠨᠳᠣᠨ ᠬᠣᠲᠠ ᠶᠢᠨ ᠲᠥᠪ ᠲᠦ ᠪᠣᠰᠤᠭᠠᠭᠳᠠᠪᠠ

2012 年 4 月 14 日，成吉思汗的巨型青铜雕像在伦敦市中心最繁华的地段揭幕，这座高达 5 米的雕像是为了纪念这位蒙古征服者 850 周年诞辰而作。

这座由俄罗斯联邦布里亚特共和国的蒙古艺术家达希·纳姆达科夫（Dashi Namdakov）创作的成吉思汗雕像被安放在伦敦海德公园附近的 Marble Arch 旁边。达希·纳姆达科夫对 BBC 中文网说，成吉思汗在全球文化当中越来越重要。他专门为伦敦创造的成吉思汗骑马雕像是为了向公众展示草原文化精髓，让他们体会蒙古传统文化。

《蒙古秘史》画卷，图片来自《蒙古秘史》系列艺术品　包金山提供

Chinggis Khan's success is the result of objective understanding toward historical process

美国学者O·拉铁木尔：

成吉思汗的成功，恰恰是认识历史进程的客观结果

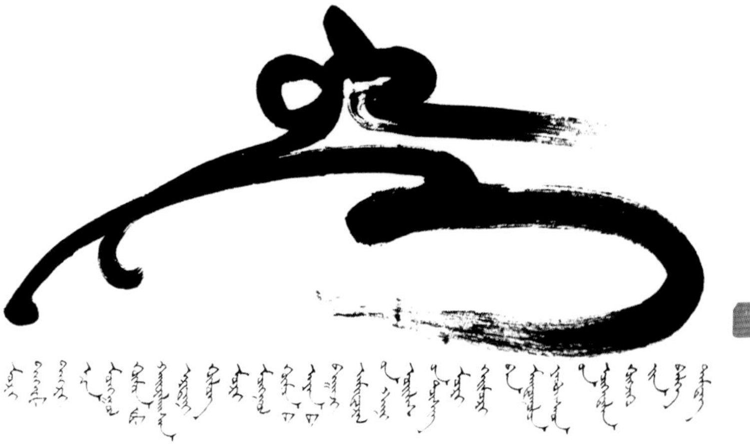

赛音那木拉，书法家

The imperial seal of Mongol Empire embodied the philosophy of ruling the country by democracy and law.

成吉思汗玉玺体现了成吉思汗实施民主理国，依法治世的治国理念

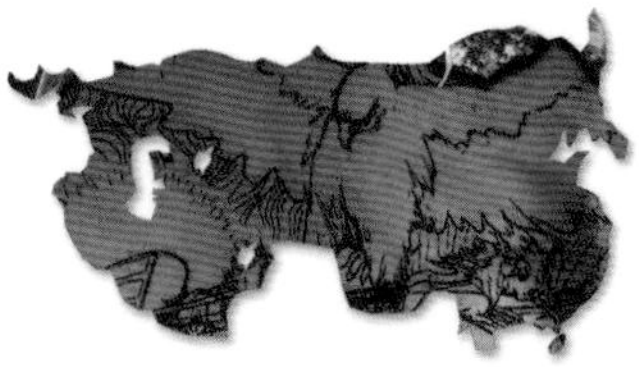

梦中的白海青　纳日黎歌 设计制作

成吉思汗玉玺，是1206年成吉思汗建立大蒙古国登基汗位时的开国玉玺。这个玉玺失传七百多年之后，2009年由内蒙古北方民族文化遗产研究会研发复制，再现于世。印文为玉玺之灵魂。寥寥数字的印文却蕴涵了成吉思汗制定“忽里勒台”（议会或国会）制度和颁布“大札撒”（宪法），实施民主理国、依法治世的治国理念，从而使大汗圣旨和帝国法令所到之处人们敬之于民主，畏之于法度，保障了横跨欧亚、疆域广大的世界帝国之和谐安宁。这种蕴涵治国理念的玉玺印文是玉玺史上的一个创举，是成吉思汗玉玺有别于秦汉唐宋各朝玉玺的唯一特征。

成吉思汗玉玺 · 玺函　　雕塑家铁木研发制作

成吉思汗玉玺 · 印纽　　雕塑家铁木研发制作

《蒙古秘史》记载：铁木真 9 岁的时候（1170 年秋），父亲也速该带他前往弘吉剌部说亲。在半路上遇到了弘吉剌部德高望重的首领德·薛禅。也速该把他儿子来此地的目的告诉了老朋友。德·薛禅听完之后，对也速该说：“也速该亲家，我看这孩子眼睛发亮，面有红光，耳大有轮，肩宽体壮，这孩子长相不一般。昨夜我做了个梦，梦见一只白海青托着日月落在我手上。我原不知此梦的吉凶，但今天一见你领着儿子来到这里，我立刻就有了答案，这是个大喜的吉兆。”德·薛禅兴奋地说：“你今天正好来对了地方，我们弘吉剌部自古就出美女。我家正有一小女，请到家里坐坐吧！”这样，德·薛禅便把女儿许配给了少年铁木真。

The messenger of Mongke Tengri — Saker falcon

长生天的信使——白海青

成吉思汗玉玺·印文　　　　书法家、篆刻家哈斯朝鲁教授复制

成吉思汗是知人善任的杰才，
世界上唯一没有杀过功臣的帝王

Chinggis Khan is the only emperor who did not kill the hero. He is the talent know how to delegate

成吉思汗是世界上唯一没有杀过一个将领、一个功臣的封建帝王。成吉思汗是知人善任的杰才，凡是他的“那可儿”或由他选拔的将帅、功臣，没有一个不是终身效忠的，没有一个背叛他的。

——扎奇斯钦（美国著名史学家）

在阔亦田战争中，铁木真的脖子受伤，流血不止，晕迷不醒，是者勒篾用口将淤血一口一口吸吮出来，待半夜成吉思汗醒来后，饥渴难耐，又是者勒篾赤着身子，潜入敌营，偷回一壶马奶酒为他解了渴，从而保住了性命。成吉思汗对者勒篾的恩情感激万分。他说：「以前我被三姓蔑儿乞惕所迫，他们围绕不儿罕山搜查三遍，是你救了我的性命。如今又口吮我的淤血，救了我的性命，在慌乱中舍命到敌人那里寻取马奶，搭救我的性命，这三次大恩，我永远不会忘记」。之后成吉思汗用行动实践了自己的诺言，终生保持着同者勒篾的情谊，建国之后封他为千户那颜，并赐其九罪而不罚的特权。

图来自英文版《蒙古战士》

1206 年成吉思汗颁布实施的《成吉思汗法典》即《大札撒》，是世界上第一部具有宪法意义的法典
图片来自拉施特《史集》

成吉思汗实施《大札撒》法典，违者受重罚　图片来自拉施特《史集》

Promulgation of the first constitutional document of the world——Yeke Zasag

颁布了世界上最早的宪法性文件——《大札撒》

1206 年，铁木真统一蒙古各部，在斡难河（今鄂嫩河）源头召开忽里勒台大会，即蒙古大汗位，尊号“成吉思汗”，国号“大蒙古国”（Yeke Mongghol Ulus）。成吉思汗还颁布了成吉思汗法典《大札撒》，作为大蒙古国的成文法典，是世界上最早的宪法性文件。

He made "impossible" into "possible"

他把诸多「不可能」变为「可能」

图片来自美国Frances Jacob Alberts著《给成吉思汗的礼物》 1961年

他们是一群大地之子，把诸多“不可能”变为“可能”；他们百折不挠，就是要按照自己的意愿为世界换血和布局，享受征服的快乐。

——勒内·格鲁塞
（法国科学院院士、研究亚洲史学界的泰斗）

Acting like a dairy cattle when facing civilians, and be keen like vultures when facing enemy. People who grasp tactics can conquer the strong, while those who can write well with no tactics in mind can do nothing when face obstacles.

—— Chinggis Khan

临民之道，如乳牛；临敌之道，如鸷鸟；知计者，能征服强者，不知计者，虽书于掌上，也无计可施

——成吉思汗箴言

崛起的铁木真　若希画

He made "impossible" into "possible"

他的成功之处或许就在于所谓的「野蛮」

图片来自埃及版《成吉思汗》

几乎所有被蒙古人征服的国家，最初多曾饱受野蛮征服带来的破坏和惊恐。但在文化交流、贸易以及文明进步方面，很快地就产生一种空前的上升态势。他的成功之处或许就在于所谓的“野蛮”。

——杰克．威泽弗德

（美国人类学家、畅销书《成吉思汗与今日世界的形成》作者）

成吉思汗重视知识，重视人才，重视新技术

Chinggis Khan attached great importance to knowledge, talents, and technology

《征服者成吉思汗》 湖南人民出版社

成吉思汗豁达大度，气量恢弘，爱护功臣将士，赏罚严明。他重视知识，重视人才，重视新技术的使用和发展。这是他取胜的重要原因。

——据《中国名将系列》介绍

这幅组图表现了成吉思汗海纳百川，有容乃大，唯才是举，择善而从，在他的身边聚集了诸多博学多才的志士仁人。这是成吉思汗成功的秘诀，也是他知人善任、雄才大略的真实写照。

马来西亚国王米詹•扎因•阿比丁：成吉思汗时代人们的征服意识和征战欲望非常强烈

Mizan Abidin, the King of Malaysia: People in Chinggis Khan's era had strong sense of conquest.

史书上非常清楚地记载着以成吉思汗为统帅的 13 世纪大蒙古国对世界产生的重大影响。不可思议的是八百年前欧洲人还未到达亚洲之前，亚洲的一个民族竟然统治了世界大陆三分之一的疆域！

成吉思汗时代人们的征服意识和征战欲望非常强烈，由于游牧民族善骑能射，往往战败组织严明的文明国土，获得巨大成功。

—— 马来西亚国王米詹 · 扎因 · 阿比丁

Wisdom of Temujin: for expanding his power, he worshiped Wang Han as an adoptive father

铁木真的大智——

为壮大实力，拜王罕为义父

成吉思汗与王罕　图片来自拉施特《史集》

铁木真为了与王罕结盟，并向他求援，将散失的百姓聚合起来，拜王罕为义父。

图片来自雅各布著《成吉思汗》（1860 年美国版）

孛儿帖在王罕的宫帐里。王罕是成吉思汗父亲也速该的生前好友，是客列亦惕部酋长。为了壮大自己的势力，成吉思汗迎取孛儿帖后，带着岳父家送给他的貂皮大衣拜见王罕说：“您是我父亲的朋友，就如同我的父亲一样。如今，我娶了媳妇，特来拜见您，以示孝敬。”王罕甚喜。以后王罕全力支持成吉思汗征服蒙古各部落。

Chinggis Khan is a representative of active psychology

成吉思汗是活性心理元素的集中代表者

活性心理元素全部都渗透着一个“勇”字，成吉思汗他生活在“勇”的境界里，这样他就拥有了战胜他人的心理优势。无论在什么时候，总是把活性心理元素发挥到极致。还有他的雄才大略，足智多谋，知人善用等个人素质，这些和活性心理元素糅合在一起，就能转化成强大的物质力量，创造一个又一个的奇迹。

—— 草原文化学创始人

孟驰北 教授

草原大写意　　　吴·斯日古楞画

Chinggis Khan is an intelligent and brave Commander

成吉思汗是智勇兼备型统帅

必须承认，成吉思汗的军事思想是高明的，有其独到之处。成吉思汗戎马一生，攻城掠地无数，他的真正力量在智慧和见识方面，在统率才能方面而不在匹夫之勇，成吉思汗是智勇兼备型统帅。

——马冀（史学家）

图片来自澳大利亚《蒙古征战》一书

Temujin cultivated the brave spirit of the Mongolian cavalry under the concept of "against a war by another"

铁木真以战止战的观念，造就了蒙古骑兵的勇敢精神

铁木真在恶劣的环境中形成了以战止战、以战争寻求和平秩序的观念。这种观念，随着他事业的扩大，渐渐成为全蒙古民族的共识，增强了全民的战争意识和不能胜敌就是灭亡的理念。所以，蒙古骑兵表现出特别勇敢、顽强和舍生忘死、一往无前的精神。

——策·达赉（蒙古国科学院院士、功勋历史学家）

日本海战

Chinggis Khan treated well people who paid allegiance to him

成吉思汗善待归附者

波斯画　拉拉画

成吉思汗攻下花剌子模后，俘获了其贵妃。图为成吉思汗与贵妃相会

The infinite hope——Chinggis Khan usually daubed the Khbilai and ülegü thumbs with the blood of their prey

寄托无限的希望——成吉思汗将猎物鲜血涂染在忽必烈和旭烈兀拇指上

1224年初春，当成吉思汗结束了著名的西征，班师东还的途中，留居在蒙古草原的亲属们专程远道前来迎接。他们中包括了成吉思汗的幼子拖雷的两个儿子。一个是日后元王朝的创建者世祖忽必烈，当时年九岁，另一个是波斯伊利汗国的奠基者旭烈兀，七岁。这一行人伴随成吉思汗边走边打猎，在乃蛮境内的一次围猎中，忽必烈射到一只野兔，旭烈兀射到一只野山羊。按照突厥—蒙古人的习俗，孩子第一次在行猎中射获野物时，要举行称之为牙黑剌迷失的隆重仪式，将猎物的鲜血拭在拇指上。旭烈兀扯着祖父的手，涂血时用力很重，成吉思汗很不喜欢；而忽必烈捧起祖父的手，轻轻地涂抹，成吉思汗很喜欢。忽必烈恭敬有礼的行动与旭烈兀的粗鲁形成鲜明的对比，赢得了老祖父的赞许和喜爱。

—— 周良霄（著名蒙元史学家）

《忽必烈》秘诀，也是他知人善任、雄才大略的真实写照。

图片来自英文版《蒙古战士》

Gengis Khan awarded Qiu Chuji (Chang Chun Taoist)

成吉思汗封赏长春真人丘处机

1219 年，远在西域指挥西征的成吉思汗，派使臣邀请丘处机，寻找“修身养性之法，治国安邦之道”。丘处机应诏历时一年又两个月，终于到达大雪山（今阿富汗兴都库什山）成吉思汗行宫。丘处机在成吉思汗军中近一年，正式讲道三次。当成吉思汗问起有否长生不老药时，丘处机说：“世上只有卫生之道，可使人延年益寿，从来没有长生之药可以保永生”，并解释说：“节欲以修身，静心能养性，清心寡欲为要”，“欲统一天下者，必不嗜好杀人，恤民保众，使天下怀安”；“敬天乃为本，爱民乃家国”。太祖连连点头，从此一改“杀人屠城”之策，实行“安民攻心”之略。成吉思汗下诏书，免除全真道士的赋税、徭役，允许广收徒众，任命丘处机掌管天下道教。全真道在蒙古统治下光大了道门。

成吉思汗邀请封赏长春真人
长春真人为成吉思汗献计献策

图片来自成吉思汗陵壁画

成吉思汗下令创制蒙古文字

TheMongolian writing system was created under Chinggis Khan's order

塔塔统阿创制蒙古文字　　图片来自成吉思汗陵壁画

1204 年，成吉思汗灭乃蛮部，乃蛮国师，畏兀儿人塔塔统阿“怀印逃去”被活捉回来。成吉思汗命令他创制蒙古文字。早期的蒙古文字与回鹘文非常相像，所以学界也常称之为“回鹘式蒙古文”。16-17 世纪经过改革，形成了现在使用的蒙古文（胡都木蒙古文）。创制使用蒙古文字是成吉思汗的功劳，从此蒙古族跨入了文明时代，在蒙古民族文化发展史上起了非常重要的作用。

——哈斯额尔敦（著名蒙古语言学家）

王延青　油画长卷

Chinggis Khan and extraordinary strength

成吉思汗与超凡力量

成吉思汗的加冕　14世纪波斯画　来自波斯文《史集》，现收藏于[illegible]国家图书馆　画中成吉思汗坐在帐篷[illegible]将弓箭分给儿子们，身[illegible]

成吉思汗是拥有“超凡力量”的唯一的人。这种“超凡力量”是成吉思汗和他的家族所拥有的特权，苏勒德则成了专指与成吉思汗所固有的神圣特性的名词。7个世纪以来，成吉思汗及其家族统治了蒙古，并且这一家族奠基者的祭奠成了全民族性祭奠。成吉思汗“超凡力量”成为蒙古民族文化的凝聚力和国家存在的保障。

—— 俄联邦学者 T· L· 斯克林尼柯娃

拉·苏和巴特尔（蒙古国） 画

Chinggis Khan depicted the picture of solidarity regularly in the mind of his decedents

成吉思汗在其诸子的脑海里从小绘出同舟共济的图画

图片来自蒙古国巴布尔著《蒙古史》 达西道尔吉 画

Recep Tayyi Erdogan , The fifty-ninth Prime Minister of the Republic of Turkey: Chinggis Khan left us a management

土耳其共和国第59任总理雷杰普•塔伊普•埃尔多安：

成吉思汗为后代留下了一套从祖宗传承的管理制度

图片来自《图解草原帝国》 武汉出版社 2012年

　　1206年成立的大蒙古国是世界历史上空前辽阔的大陆帝国，所以理所当然地对人类历史进程产生了重大影响。成吉思汗不仅建立了世界上版图最大的帝国，而且是曾统治一个伟大国家的军事统帅。成吉思汗创建庞大帝国，既获得了建立独立国家的声誉，又为后代留下了一套从祖宗传承的管理制度。

——土耳其共和国第59任总理
雷杰普·塔伊普·埃尔多安

Chinggis Khan Creation of the system of thousand-household that combines military and politics

成吉思汗创立了军政合一的千户制

成吉思汗把臣民分配给他的功臣和官员 波斯细密画

成吉思汗统一蒙古草原后，第一件事就是大封功臣、宗室，把在战争中实行的千户制进一步完善和制度化，创立了军政合一的千户制。这也是成吉思汗不断取得胜利的主要原因。

Because of his kindness, people willing to pay allegiance to Chinggis Khan

人民见其善而乐于归附他

成吉思汗接见金国使臣

图片来自拉施特《史集》

成吉思汗在接见来自各国的贵族们

Wisdom and honesty would not only bring you victory but the peaceful coexistence with your enemy. —— Chinggis Khan

如果你是个真诚而有智慧的人，你不但征服你的敌人，也能与你的敌人长时间的和平共处

——成吉思汗

图片来自俄罗斯　　胡图吉尼各·都者里哈诺格 画

Westward expedition brought an end to the bloody military campaign — why did Chinggis Khan start westward expediton

西征是对侵略的惩罚，而惩罚是对血腥的制止

长生天是成吉思汗的信仰 成吉思汗向长生天祈祷 波斯画

成吉思汗第一次西征又称蒙古征服花剌子模战争。1215 年，成吉思汗派使节到花剌子模王国，缔结通商贸易协定。成吉思汗按协定派出使臣和商队 450 人、骆驼 500 峰，携带大批金银珠宝和商品前往通商。至讹答剌（今哈萨克斯坦奇姆肯特西北）后，总督亦纳勒见财起意，亦欲杀人越货。于是诬陷使节团和商队是间谍，上报国王屠杀之。结果使节团全部被杀害，货物被抢掠。成吉思汗听到这个消息后，非常愤怒，但是为了通商贸易，争取和平解决，再次派出三名使臣，致书国王摩诃末责其背信弃义，要求交出凶手，摩诃末不但拒绝要求，反而杀害了正使，还剃光了两位副使的胡须，进行侮辱，押送出境。这一恶性，彻底激怒了成吉思汗，在忍无可忍的情况下，他向长生天祈祷了三天三夜，最终作出征讨花剌子模的决定。于 1219 年，成吉思汗亲统大军西征，历时五年，消灭了 40 万军队，征服了花剌子模。这就是西征的缘由。

你的心胸有多宽广，你的战马就能驰骋多远
——成吉思汗

The more tolerant you are,
the more almighty you become
— Chinggis Khan

成吉思汗说：你的心胸有多宽广，你的战马就能驰骋多远
——选自司马安编著《成吉思汗箴言》中国民航出版社，2005年

内蒙古成吉思汗文献博物馆收藏　扎雅图（蒙古国）画

Chinggis Khan enacted the most rigorous law

成吉思汗制定了具有创造性的最严格的法律

成吉思汗颁布大札撒 图片来自董千里著《成吉思汗》香港田园书屋 中华民国七十一年（1982年）

成吉思汗认为，《大札撒》是代表长生天的终极最高法则。每逢新汗登基、大军调动、诸王会商国事、朝政，都要把《大札撒》拿出来，依照上面的规定办事，他开了依法治国的先河。

Hagel said: Mongolian did not have inherent survival principle

黑格尔：蒙古人绝对没有什么固有的生存原则

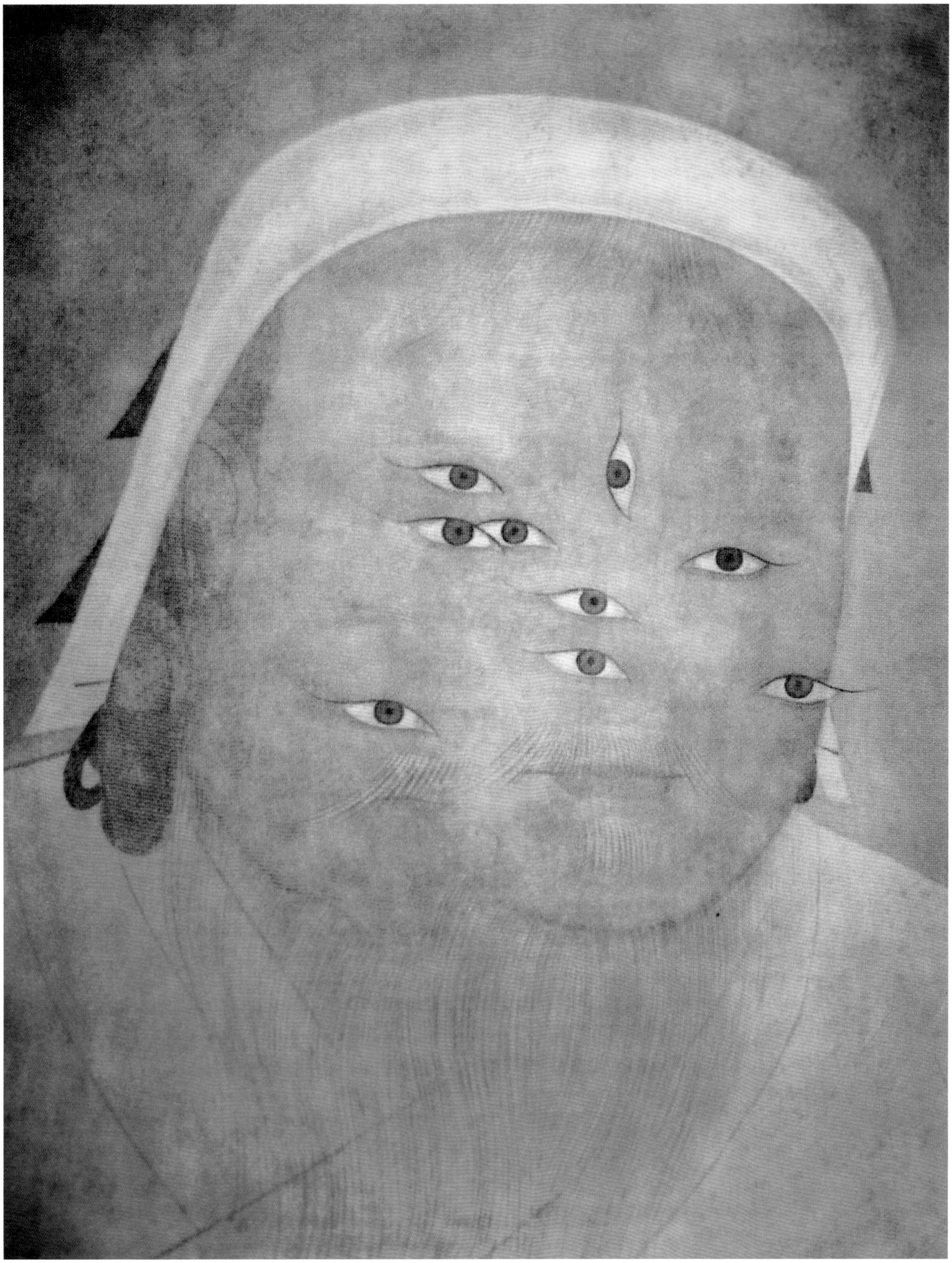

蒙古国 巴达日拉 画

成吉思汗重用诚实的人

Chinggis Khan put the honest person into the important position

成吉思汗作战受箭伤，泰赤乌部猛将只儿豁阿歹站出来承认自己射伤了成吉思汗。成吉思汗赞许他是一个诚实的人，可以结为“安达”，并赐名为哲别（箭头）。从此哲别为成吉思汗统兵打仗，出生入死，成为四杰之一。

成吉思汗的大将哲别　　图片来自蒙古国版《蒙古历史上的 33 位将军》　2009 年

铁木真在获胜之后，向战俘寻问射伤自己的人是谁，哲别坦然出来承认射杀之事，并且表示：“若汗欲惩罚吾而赐吾死，敢请遗污一掌之地。若汗思赦吾，则愿效命汗前，为汗冲锋陷阵，横断彼深水，粉碎彼黑石而冲之！”哲别原名只儿豁阿歹，之前是铁木真敌族泰亦赤兀惕秃答首领的部属，是有名的神箭手。成吉思汗为这种坦诚、勇敢的男子汉气度所感动，认为这种人可以交朋友，赦免了他，并将他的名字改为哲别（意为箭镞）。之后，哲别从十夫长开始做起，累功迁至万夫长，成为大蒙古国第一猛将，立下赫赫战功。

Chingis Khan had a number of unparalleled generals

成吉思汗有一批绝世无匹的将帅

图片来自杨契维茨基著《成吉思汗》（德文版）

成吉思汗是伟人中的伟人，他的不世出的成功，一部分是靠这一事实，即他拥有一批出类拔萃的战友，就是说有一批绝世无匹的将帅。

——摘自德国约艾西摩·巴克霍森著《成吉思汗及其黄金帝国的崛起》，新世纪出版社 2009 年 12 月

The one who regulates the family can rule the country

能齐其家者，能治其国也 ——成吉思汗

MOĞOLLARIN
GİZLİ TARİHÇESİ
KABALCI

图片来自土耳其文《蒙古秘史》

白布和，教授、书法家

Khasar, who assisted Chinggis Khan in unifying Mongolian tribes, contributed significantly to the establishment of Mongol Empire

哈萨尔辅佐成吉思汗统一蒙古诸部，为建立大蒙古国立下了汗马功劳

成吉思汗与哈萨尔　舍仍业喜 画

Chinggis Khan had the indomitable will

成吉思汗具有不可战胜的意志

图片来自JubyHumphreg/Arthur Schlesinger 著《成吉思汗：关于领导能力的一篇引导论文》

蒙古人具有向被征服民众学习文明的精神

Mongolian people have the mind of learning valuable civilization from conquered citizen

成吉思汗并不是蛮干的人，每次发动大的战役，都要充分准备，绝不轻举妄动。他进攻金国之前做好了充分准备：1213年金国无力抵抗，其首都唾手可得的情况下，成吉思汗竟然停战北归。

14世纪波斯画

最早实行政治民主的帝王

The first emperor who implemented the political democracy

忽里勒台和四大汗国图　来自《中国历史五千年》

クリルタイと四大ハーン国

“忽里勒台”，是蒙古和元朝的诸王大会、大朝会。又作“忽邻勒塔”或“忽里台”，蒙古语意为“聚会”、“会议”。凡是重大问题的决策，诸如可汗继位等均须由忽里勒台决定。在建立庞大帝国的过程中，成吉思汗规定蒙古大汗由蒙古宗王通过会议推选出来，同时他取消将领的等级界限、打破民族界限用人，破格提拔人才。成吉思汗是最早实行政治民主的帝王。

——《千年风云第一人》

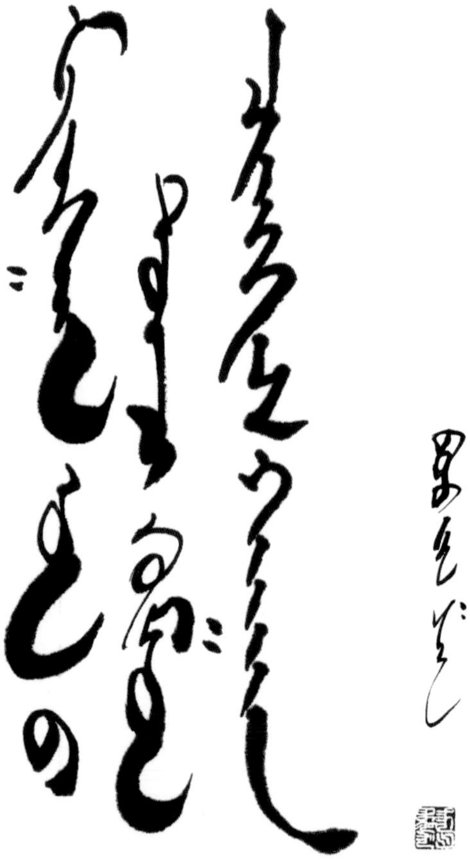

包金山，书法家

In *Mongolian History*, A.C.M.D'ohsson wrote : the Mongol are born to be warriors"

《多桑蒙古史》：
蒙古人是「生而为战士者」

蒙古人是“生而为战士者”，他们是在短兵格斗中长大的，刚会说话就开始学弯弓射箭。
——《多桑蒙古史》

西征归来——在射箭比赛中移相哥创造了射程最远的纪录　哈日巴拉 画

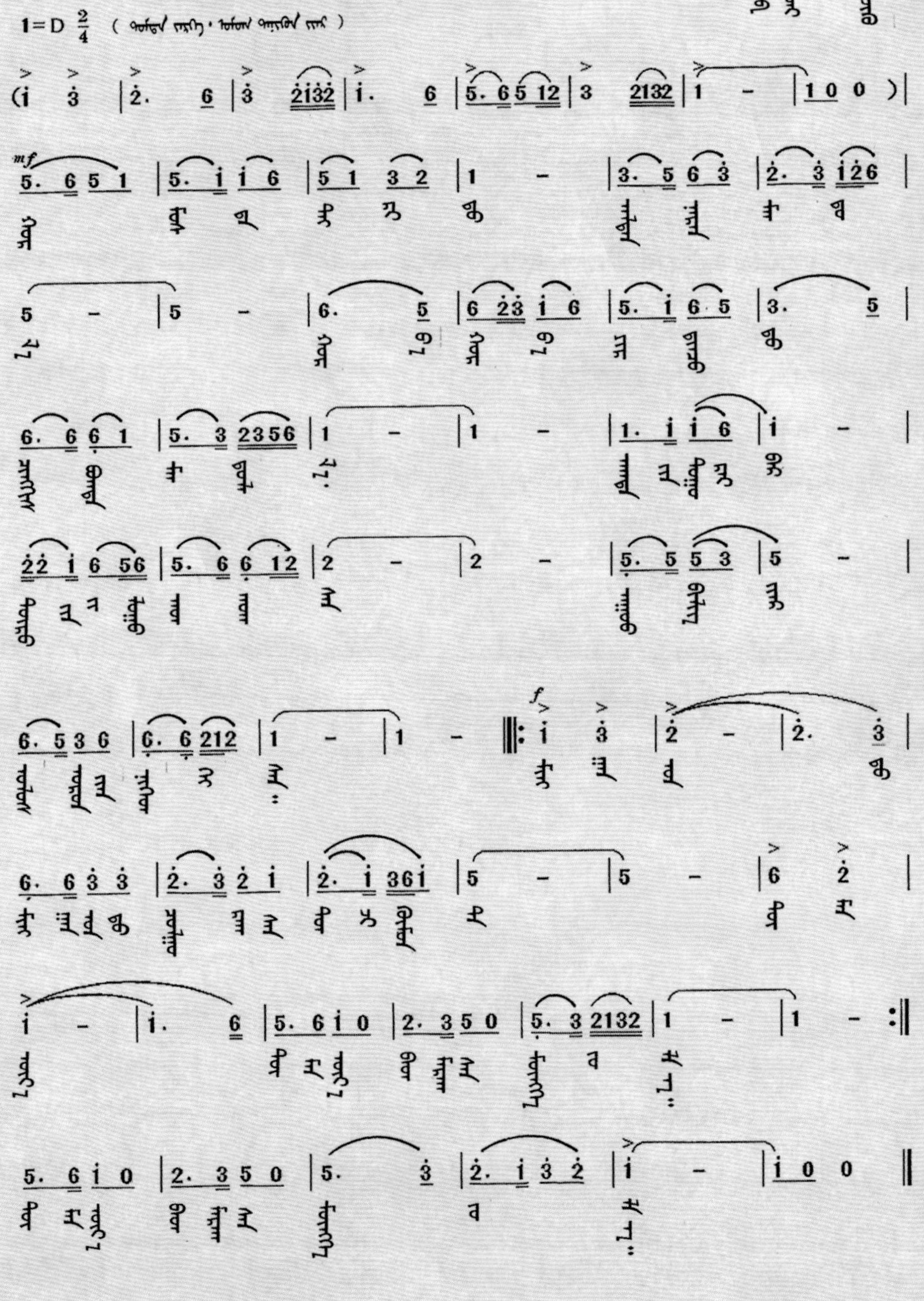

千年风云第一人

额尔敦扎布 却拉布吉 词

莫日吉胡 作曲

乃登 内蒙古自治区政协原副主席、书法家

致谢

成吉思汗文化是宝贵资源，是取之不尽的“金矿”。20年来，我们在跑遍世界各地大量搜集有关成吉思汗图书文献的过程中，有幸收集到了1000多幅珍贵图片。我们充分利用这些图片，用心筛选和制作，再配名人的语录体评论，终于编辑完成了《千年风云第一人——图说世界的成吉思汗文化现象》这本画集。

这是我们多年搜集、整理、探索和研究成吉思汗文化的重要成果。该书收录了世界50多个国家300多幅图片，幅幅均是经典之作，反映了不同国家、不同人种、不同背景下的多姿多彩、造型各异的“千年风云第一人”形象。

此时此刻，我们想到了成吉思汗的教诲。他说：“一枝脆弱的箭，当它成倍的增加，得到别的箭的支援，哪怕大力士也折不断它，对它束手无策。因此，只要弟兄间相互帮助，彼此支援，再强大的敌人也战胜不了你们。”众人拾柴火焰高。说老实话，今天我们能够做到这一点，与朋友、与社会各界的大力支持和帮助是分不开的，由衷地感谢这些朋友和同志们。

在该书出版之际，还要特别感谢自治区党委宣传部的资助；衷心感谢蔡美彪、刘大为先生为本书写序。感谢王劬、塞英、包峥嵘、Aurang Zeb Khan、包金莲、梦鸽乐、马喜良、韩树玉、官布扎布、王大方、若希、哈斯朝鲁、齐木德道尔吉、吴·斯日古楞、张霞、乃登、艺如乐图、白布和、仁钦、朝洛蒙、德格吉乐图、包金山、宝音满达胡、布尔古德、银·巴特尔、赛音那木拉、巴·敖日格勒、图雅、那仁夫、孟坤、张海波、塔木、却拉布吉、乌云嘎、魏相春、胡匪、斯仍敖日布、阿拉得尔图、巴义尔、公保才旦、高·照日格图、格根夫、乌恩奇、哈斯其其格、董弘、王徐丽、乌义罕、斯琴其木格、阿茹娜、张双龙、齐·撒格木德、斯琴巴特尔、乌仁其木格、孔群等同志。尤其是在我们忙得焦头烂额的时候，乌恩其同志托着病体不辞辛劳地拍照图片。在本书即将出版的时候，我们对他表示深深地哀思，慰祭他在天之灵。

该书由于时间跨度太大，所用图片和文字较多，涉及的国家和画家又多，对个别作者未来得及打招呼，敬请谅解。我们借此机会向你们表达崇高敬意和衷心感谢。

由于水平所限，疏漏和错误在所难免，希望广大读者予以批评指正。

编著者

2016年5月

图书在版编目（CIP）数据

千年风云第一人：蒙古文、中文、英文 / 巴拉吉尼玛，额尔敦扎布，张继霞编著
—呼和浩特：内蒙古人民出版社，2016.8
ISBN 978-7-204-14259-0/K · 493（民文）

I. ①千… II. ①巴… ②额… ③张… III. ①成吉思汗（1162-1227）—人物研究—图集
IV. ① K827=47

中国版本图书馆 CIP 数据核字（2016）216754 号

千年风云第一人 —— 图说世界的成吉思汗文化现象
总 策 划：李全和、吉日木图
统　　筹：贵 荣
艺术指导：若 希、那仁夫
编　　著：巴拉吉尼玛 额尔敦扎布 张继霞
责任编辑：那顺巴图
装帧设计：内蒙古金蓝太文化传播有限责任公司
排　　版：王徐丽、乌义罕
封面设计：王徐丽
文字翻译：（英文译）阿茹娜、张双龙，斯琴巴特尔（审）（蒙古文）额尔敦扎布、斯琴其木格
图片摄影：乌恩其
出版发行：内蒙古人民出版社
地　　址：呼和浩特市新城区中山东路 8 号波士名人国际 B 座 5 层
网　　址：http:/www.nmgrmcbs.com
印　　刷：上海雅昌艺术印刷有限公司
开　　本：889×1194 1/12
印　　张：23
字　　数：100 千
版　　次：2016 年 10 月第 1 版
印　　次：2016 年 10 月第一次印刷
印　　数：1—4000 册
书　　号：ISBN 978-7-204-14259-0/K · 493（民文）
定　　价：368.00 元

ᠦᠨ᠎ᠡ: 368.00 ᠶᠤᠸᠠᠨ
ᠨᠣᠮ ᠤᠨ ᠳ᠋ᠤᠭᠠᠷ: ISBN 978－7－204－14259－0／K·493
ᠬᠡᠪᠯᠡᠯ ᠦᠨ ᠲᠣᠭ᠎ᠠ: 1 － 4000 ᠳᠡᠪᠲᠡᠷ
ᠬᠡᠪᠯᠡᠯ ᠤᠳᠠᠭ᠎ᠠ: 2016 ᠣᠨ ᠤ 10 ᠰᠠᠷ᠎ᠠ ᠳᠤ ᠠᠩᠬᠠᠨ ᠤᠳᠠᠭ᠎ᠠ ᠬᠡᠪᠯᠡᠪᠡ
ᠬᠡᠪ ᠳᠠᠷᠤᠮᠠᠯ ᠤᠳᠠᠭ᠎ᠠ: 2016 ᠣᠨ ᠤ 10 ᠰᠠᠷ᠎ᠠ ᠳᠤ ᠠᠩᠬᠠᠳᠤᠭᠠᠷ ᠬᠡᠪ ᠡ ᠳᠠᠷᠤᠪᠠ
ᠦᠰᠦᠭ ᠦᠨ ᠲᠣᠭ᠎ᠠ: 100 ᠮᠢᠩᠭ᠎ᠠ
ᠬᠡᠪᠯᠡᠯ ᠦᠨ ᠬᠠᠭᠤᠳᠠᠰᠤ: 23
ᠴᠠᠭᠠᠰᠤᠨ ᠤ ᠬᠡᠮᠵᠢᠶ᠎ᠡ: 889×1194 1/12
ᠬᠡᠪᠯᠡᠨ ᠨᠡᠢᠲᠡᠯᠡᠭᠰᠡᠨ ᠨᠢ: ᠥᠪᠦᠷ ᠮᠣᠩᠭ᠋ᠣᠯ ᠤᠨ ᠠᠷᠠᠳ ᠤᠨ ᠬᠡᠪᠯᠡᠯ ᠦᠨ ᠬᠣᠷᠢᠶ᠎ᠠ
ᠬᠡᠪᠯᠡᠨ ᠳᠠᠷᠤᠭᠰᠠᠨ ᠨᠢ: ᠥᠪᠦᠷ ᠮᠣᠩᠭ᠋ᠣᠯ ᠤᠨ ᠰᠣᠶᠣᠯ ᠤᠨ ᠬᠡᠪᠯᠡᠯ ᠦᠨ ᠦᠢᠯᠡᠳᠪᠦᠷᠢ
ᠨᠠᠢᠷᠠᠭᠤᠯᠤᠭᠴᠢ: ᠮᠣᠩᠭ᠋ᠣᠯᠵᠢᠨ
[illegible] ([illegible]) · [illegible] ([illegible]) · [illegible] ([illegible])
ᠬᠠᠷᠢᠭᠤᠴᠠᠭᠰᠠᠨ ᠨᠠᠢᠷᠠᠭᠤᠯᠤᠭᠴᠢ: [illegible] ([illegible]) · [illegible] ([illegible]) ·
ᠬᠠᠪᠲᠠᠰᠤ ᠶᠢᠨ ᠵᠢᠷᠤᠭ: [illegible]
ᠵᠢᠷᠤᠭᠴᠢ: [illegible] · [illegible]
ᠬᠡᠪᠯᠡᠯ ᠦᠨ ᠳᠤᠰᠬᠠᠯ: ᠥᠪᠦᠷ ᠮᠣᠩᠭ᠋ᠣᠯ ᠤᠨ [illegible] ᠬᠣᠷᠢᠶ᠎ᠠ
ᠲᠣᠭ᠋ᠠᠨ ᠬᠠᠷᠢᠭᠤᠴᠠᠭᠴᠢ: [illegible]
ᠬᠠᠪᠲᠠᠰᠤ ᠶᠢᠨ ᠬᠠᠷᠢᠭᠤᠴᠠᠭᠴᠢ: [illegible] · [illegible]
ᠬᠡᠪᠯᠡᠯ ᠦᠨ ᠬᠢᠨᠠᠭᠴᠢ: [illegible] · [illegible]
ᠬᠡᠪᠯᠡᠯ ᠬᠠᠷᠢᠭᠤᠴᠠᠭᠴᠢ: [illegible]
ᠳᠠᠷᠤᠮᠠᠯ ᠬᠠᠷᠢᠭᠤᠴᠠᠭᠴᠢ: [illegible] · [illegible]

—— ᠮᠣᠩᠭ᠋ᠣᠯ ᠤᠨ ᠲᠡᠦᠬᠡ ᠶᠢᠨ ᠨᠣᠮ
ᠮᠣᠩᠭ᠋ᠣᠯ ᠤᠨ ᠨᠢᠭᠤᠴᠠ ᠲᠣᠪᠴᠢᠶ᠎ᠠ